卞尺丹几乙し丹卞と

Translated Language Learning

The Fisherman and his Soul

Рибалка і його душа

Oscar Wilde

English / українська

Copyright © 2023 Tranzlaty
All rights reserved.
Published by Tranzlaty
ISBN: 978-1-83566-046-1
Original text by Oscar Wilde
The Fisherman and his Soul
First published in English in 1891
www.tranzlaty.com

The Mermaid
Русалка

Every evening the young Fisherman went out to sea
Щовечора молодий Рибалка виходив у море
and the young Fisherman threw his nets into the water
І молодий Рибалка закинув свої сіті у воду
When the wind blew from the land he caught nothing
Коли вітер повіяв із землі, він нічого не спіймав
or he caught just a few fish at best
Або в кращому випадку зловив лише кілька рибин
because it was a bitter and black-winged wind
Бо це був лютий і чорнокрилий вітер
rough waves rose up to meet the wind from the land
Бурхливі хвилі здіймалися назустріч вітру з землі
But at other times the wind blew to the shore
Але в інший час вітер дув до берега
and then the fishes came in from the deep
А потім риби зайшли з глибини
the fishes swam into the meshes of his nets
Риби запливали в тенета його сітей
and he took the fish to the market-place
І він відніс рибу на базар
and he sold all the fishes that he had caught
І продав він усю рибу, яку спіймав

but there was one special evening
Але був один особливий вечір
the Fisherman's net was heavier than normal
сітка Рибалки була важчою, ніж зазвичай
he could hardly pull his net onto the boat
Він ледве міг натягнути свою сітку на човен
The Fisherman laughed to himself
Рибалка засміявся сам до себе
"Surely, I have caught all the fish that swim"
«Звичайно, я зловив усю рибу, яка плаває»

"or I have snared some horrible monster"
«Або я спіймав якесь жахливе чудовисько»
"a monster that will be a marvel to men"
«Чудовисько, яке буде дивом для людей»
"or it will be a thing of horror"
"Або це буде жах"
"a beast that the great Queen will desire"
«звір, якого забажає велика цариця»
With all his strength he tugged at the coarse ropes
З усієї сили він смикав за грубі мотузки
he pulled until the long veins rose up on his arms
Він тягнув, поки довгі вени не піднялися на його руках
like lines of blue enamel round a vase of bronze
немов лінії блакитної емалі навколо бронзової вази
He tugged at the thin ropes of his nets
Він смикав за тонкі мотузки своїх сітей
and at last the net rose to the top of the water
І нарешті сітка піднялася на верхівку води
But there were no fish in his net
Але риби в його сітці не було
nor was there a monster or thing of horror
Також не було монстра чи чогось жахливого
there was only a little Mermaid
була тільки маленька Русалка
she was lying fast asleep in his net
Вона міцно спала в його сітці
Her hair was like a wet foil of gold
Її волосся було схоже на мокру золоту фольгу
like golden flakes in a glass of water
як золоті пластівці в склянці води
Her little body was as white ivory
Її маленьке тільце було як біла слонова кістка
and her tail was made of silver and pearl
А хвіст її був зроблений зі срібла та перлів
and the green weeds of the sea coiled round her tail
І зелені бур'яни моря звивалися навколо її хвоста

and like sea-shells were her ears
І, мов морські мушлі, були її вуха
and her lips were like sea-coral
А губи її були, як морський корал
The cold waves dashed over her cold breasts
Холодні хвилі набігали на її холодні груди
and the salt glistened upon her eyelids
І сіль блищала на її повіках
She was so beautiful that the he was filled with wonder
Вона була така прекрасна, що він сповнився подивом
he pulled the net closer to the boat
Він натягнув сітку ближче до човна
leaning over the side, he clasped her in his arms
Перехилившись через бік, він обійняв її
She woke, and looked at him in terror
Вона прокинулася і з жахом подивилася на нього
When he touched her she gave a cry
Коли він доторкнувся до неї, вона заплакала
she cried out like a startled sea-gull
— скрикнула вона, наче сполохана чайка
she looked at him with her mauve-amethyst eyes
Вона дивилася на нього своїми лілово-аметистовими очима
and she struggled so that she might escape
І вона боролася, щоб утекти
But he held her tightly to him
Але він міцно пригорнув її до себе
and he did not allow her to depart
І він не дозволив їй піти
She wept when she saw she couldn't escape
Вона заплакала, коли побачила, що не може втекти
"I pray thee, let me go"
"Благаю тебе, відпусти мене"
"I am the only daughter of a King"
«Я єдина дочка царя»
"please, my father is aged and alone"

«Будь ласка, мій батько старий і самотній»
But the young Fisherman would not let her go
Але молодий Рибалка не відпускав її
"I will not let thee go unless you make me a promise"
"Я не відпущу тебе, якщо ти не даси мені обіцянки"
"whenever I call thee thou wilt come and sing to me"
"Коли б я не покличу тебе, ти прийдеш і заспіваєш мені"
"because your song delights the fishes"
«Бо твоя пісня радує риб»
"they come to listen to the song of the Sea-folk"
«Вони приходять послухати пісню морського народу»
"and then my nets shall be full"
"І тоді сітки мої наповняться"
the little mermaid saw that she had no choice
Русалонька побачила, що у неї немає вибору
"Would thou truly let me go if I promise this?"
"Чи справді ти відпустиш мене, якщо я пообіцяю це?"
"In very truth I will let thee go," he premised
"Правду кажучи, я відпущу тебе", — припускав він
So she made him the promise he desired
Тож вона дала йому обіцянку, якої він бажав
and she swore to do it by the oath of the Sea-folk
І вона поклялася зробити це клятвою Морського народу
the young Fisherman loosened his arms from the mermaid
молодий Рибалка розв'язав руки від русалки
the little mermaid sank back down into the water
Русалочка знову опустилася у воду
and she trembled with a strange kind of fear
І вона затремтіла від дивного страху

Every evening the young Fisherman went out upon the sea
Щовечора молодий Рибалка виходив на море
and every evening he called out to the mermaid
І щовечора він кликав русалку
the mermaid rose out of the water and sang to him
Русалка піднялася з води і заспівала йому

Round and round her swam the dolphins
Навколо неї плавали дельфіни
and the wild gulls flew above her head
А над її головою літали дикі чайки
she sang a marvellous song of the Sea-folk
вона заспівала чудову пісню Морського народу
mermen who drive their flocks from cave to cave
Русалки, які переганяють свої отари з печери в печеру
mermen who carry the little calves on their shoulders
русалки, які несуть на плечах маленьких телят
she sang of the Tritons who have long green beards
вона співала про тритонів, які мають довгі зелені бороди
and she sang of the Triton's hairy chests
і вона співала про волохаті груди Тритона
they blow through twisted conchs when the King passes
вони дмуть крізь кручені раковини, коли король проходить повз
she sang of the palace of the King
вона співала про палац короля
the palace which is made entirely of amber
Палац, який повністю зроблений з бурштину
the palace has a roof of clear emerald
Палац має дах з прозорого смарагду
and it has a pavement of bright pearl
І має бруківку з яскравого перламутру
and she sang of the gardens of the sea
І співала вона про морські сади
gardens where great fans of coral wave all day long
Сади, де великі шанувальники коралів колихаються цілий день
and fish dart about like silver birds
І риби метушаться, як сріблясті пташки
and the anemones cling to the rocks
А анемони чіпляються за скелі
She sang of the big whales that come from the north
Вона співала про великих китів, які приходять з півночі

they have sharp icicles hanging from their fins
У них з плавників звисають гострі бурульки
she sang of the Sirens who tell of wonderful things
вона співала про Сирен, які розповідають про чудеса
so wonderful that merchants block their ears with wax
Настільки чудовий, що купці затикають вуха воском
they block their ears so that they can not hear them
Вони затуляють вуха, щоб не чути
because if they heard them they would leap into the water
Бо якби вони їх почули, то стрибнули б у воду
and they would be drowned in the sea
І вони потонули б у морі
she sang of the sunken galleys with their tall masts
Вона співала про затонулі галери з їхніми високими щоглами
she sang of the frozen sailors clinging to the rigging
Вона співала про замерзлих матросів, які чіплялися за такелаж
she sang the mackerel swimming through shipwrecks
Вона співала скумбрію, що пливла крізь корабельні аварії
she sang of the little barnacles travelling the world
Вона співала про маленьких вусоногих, які мандрують світом
the barnacles cling to the keels of the ships
Вусоногі чіпляються за кілі кораблів
and the ships go round and round the world
І кораблі кружляють навколо світу
and she sang of the cuttlefish in the sides of the cliffs
І співала вона про каракатиць на схилах скель
and they stretch out their long black arms
І вони простягають свої довгі чорні руки
they can make night come when they will it
Вони можуть зробити так, щоб ніч прийшла, коли вони цього захочуть
She sang of the nautilus, who has a boat of her own
Вона співала про наутилуса, у якого є власний човен

a boat that is carved out of an opal
човен, вирізаний з опала
and the boat is steered with a silken sail
А човен керується шовковим вітрилом
she sang of the happy Mermen who play upon harps
вона співала про щасливих русалок, які грають на арфах
they can charm the great Kraken to sleep
вони можуть зачарувати великого Кракена до сну
she sang of the little children riding the porpoises
Вона співала про маленьких дітей, які їздили верхи на морських свинях
the little children laugh as the ride the porpoises
Маленькі діти сміються, коли їдуть морські свині
she sang of the Mermaids who lie in the white foam
вона співала про Русалок, які лежать у білій піні
and they hold out their arms to the mariners
І вони простягають зброю морякам
she sang of the sea-lions with their curved tusks
Вона співала про морських левів з їхніми вигнутими бивнями
and she sang of the sea-horses with their floating manes
І співала вона про морських коників з їхніми плаваючими гривами
When she sang the fishes came from the sea
Коли вона співала, риби прилітали з моря
the fish came to listen to her
Риба прийшла послухати її
the young Fisherman threw his nets round them
молодий Рибалка закидав їх сітками
and he caught as many fish as he needed
І він зловив стільки риби, скільки йому було потрібно

when his boat was full the Mermaid sunk back down
коли його човен наповнився, Русалка знову потонула
she went back down into the sea smiling at him
Вона знову спустилася в море, посміхаючись йому

She never got close enough for him to touch her
Вона так і не підійшла настільки близько, щоб він доторкнувся до неї
Often times he called to the little mermaid
Часто він кликав русалоньку
and he begged to her to come closer to him
І він благав її, щоб вона підійшла до нього ближче
but she dared not come closer to him
Але вона не наважилася підійти до нього ближче
when he tried to catch her she dived into the water
Коли він спробував її зловити, вона пірнула у воду
just like when a seal dives into the sea
Так само, як коли тюлень пірнає в море
and he wouldn't see her again that day
І він більше не побачить її того дня

each day her voice became sweeter to his ears
З кожним днем її голос ставав все солодшим для його вух
Her voice so sweet that he forgot his nets
Її голос такий солодкий, що він забув свої сіті
and he forgot his cunning and his craft
І він забув свою хитрість і своє ремесло
The tuna went past him in large shoals
Тунець проходив повз нього великими косяками
but he didn't pay any attention to them
Але він не звертав на них ніякої уваги
His spear lay by his side, unused
Його спис лежав біля нього, невикористаний
and his baskets of plaited osier were empty
А його кошики з плетеної лози були порожні
With lips parted, he sat idle in his boat
Розтуливши губи, він сидів без діла у своєму човні
he listened to the songs of the mermaid
Він слухав пісні русалки
and his eyes were dim with wonder
І очі його потьмяніли від подиву

he listened till the sea-mists crept round him
Він прислухався, поки морські тумани не огорнули його
the wandering moon stained his brown limbs with silver
Блукаючий місяць забарвив сріблом його коричневі кінцівки

One evening he called to the mermaid
Одного вечора він покликав русалку
"Little Mermaid, I love thee," he professed
— Русалонько, я люблю тебе, — зізнався він
"Take me for thy bridegroom, for I love thee"
"Візьми мене за свого нареченого, бо я люблю тебе"
But the mermaid shook her head
Але русалка похитала головою
"Thou hast a human Soul," she answered
— У тебе людська душа, — відповіла вона
"If only thou would send away thy Soul"
"Коли б ти відпустив душу свою"
"if thy sent thy Soul away I could love thee"
"Якби твоя душа відіслала, я міг би любити тебе"
And the young Fisherman said to himself
І сказав собі молодий Рибалка
"of what use is my Soul to me?"
— Яка мені користь від душі моєї?
"I cannot see my Soul"
«Я не бачу своєї Душі»
"I cannot touch my Soul"
«Я не можу доторкнутися до своєї Душі»
"I do not know my Soul"
«Я не знаю своєї Душі»
"I will send my Soul away from me"
«Я пошлю свою душу від себе»
"and much gladness shall be mine"
"І буде велика радість моя"
And a cry of joy broke from his lips
І крик радості зірвався з його вуст

he held out his arms to the Mermaid
він простягнув руки Русалці
"I will send my Soul away," he cried
— Я відпущу свою Душу, — вигукнув він
"you shall be my bride, and I will be thy bridegroom"
"Ти будеш моєю нареченою, а я буду твоїм нареченим"
"in the depth of the sea we will dwell together"
«У морській глибині ми будемо жити разом»
"all that thou hast sung of thou shalt show me"
"Усе, про що ти співав, покажеш мені"
"and all that thou desirest I will do for you"
"І все, чого ти бажаєш, я зроблю для тебе"
"our lives will not be divided no longer"
«Наше життя більше не буде розділене»
the little Mermaid laughed, full of delight
маленька Русалочка засміялася, сповнена захвату
and she hid her face in her hands
І вона сховала обличчя в руках
but the Fisherman didn't know how to send his Soul away
але Рибалка не знав, як відіслати свою Душу
"how shall I send my Soul from me?"
«Як я пошлю від себе свою Душу?»
"Tell me how I can do it"
«Скажи мені, як я можу це зробити»
"tell me how and it shall be done"
"Скажи мені, як і це буде зроблено"
"Alas! I know not" said the little Mermaid
— На жаль! Я не знаю, — сказала маленька Русалочка
"the Sea-folk have no Souls"
«Морський народ не має душі»
And she sank down into the sea
І вона потонула в морі
and she looked up at him wistfully
І вона задумливо подивилася на нього

The Priest
Священик

Early on the next morning
Рано-вранці наступного дня
before the sun was above the hills
Ще до того, як сонце було над пагорбами,
the young Fisherman went to the house of the Priest
Молодий Рибалка пішов до будинку Священика
he knocked three times at the Priest's door
він тричі постукав у двері священика
The Priest looked out through the door
Священик визирнув у двері
when he saw who it was he drew back the latch
Побачивши, хто це, він відсунув клямку
and he welcomed the young Fisherman into his house
І він запросив молодого Рибалку до себе додому
he knelt down on the sweet-smelling rushes of the floor
Він став навколішки на запашні пориви підлоги
and he cried to the Priest, "Father"
І він кликнув до священика: "Отче!"
"I am in love with one of the Sea-folk"
«Я закоханий в одного з морських людей»
"and my Soul hindereth me from having my desire"
"І душа моя заважає мені мати моє бажання"
"Tell me, how I can send my Soul away from me?"
— Скажи мені, як я можу відігнати свою Душу від себе?
"I truly have no need of it"
«Мені це справді не потрібно»
"of what use is my Soul to me?"
— Яка мені користь від душі моєї?
"I cannot see my Soul"
«Я не бачу своєї Душі»
"I cannot touch my Soul"
«Я не можу доторкнутися до своєї Душі»
"I do not know my Soul"

«Я не знаю своєї Душі»
And the Priest beat his chest
І Батюшка била його в груди
and he answered, "thou art mad"
А той відповів: "Ти збожеволів"
"perhaps you have eaten poisonous herbs!"
— Можливо, ви з'їли отруйні трави!
"the Soul is the noblest part of man"
«Душа – найблагородніша частина людини»
"and the Soul was given to us by God"
«І Душа дана нам Богом»
"so that we nobly use our Soul"
«щоб ми благородно користувалися своєю душею»
"There is no thing more precious than a human Soul"
«Немає нічого дорожчого за людську душу»
"It is worth all the gold that is in the world"
«Воно варте всього золота, яке є на світі»
"it is more precious than the rubies of the kings"
«Він дорожчий за царські рубіни»
"Think not any more of this matter, my son"
«Не думай більше про це, сину мій»
"because it is a sin that may not be forgiven"
«Тому що це гріх, який не може бути прощений»
"And as for the Sea-folk, they are lost"
«А що стосується морських людей, то вони заблукали»
"and those who live with them are also lost"
«І ті, хто з ними живе, теж загинули»
"They are like the beasts of the field"
«Вони, як польові звірі»
"the beasts that don't know good from evil"
«Звірі, які не відрізняють добра від зла»
"the Lord has not died for their sake"
"Господь не помер за них"

he heard the bitter words of the Priest
він почув гіркі слова священика
the young Fisherman's eyes filled with tears

очі молодого Рибалки наповнилися сльозами
he rose up from his knees and spoke, "Father"
Він підвівся з колін і промовив: "Батьку!"
"the fauns live in the forest, and they are glad"
«Фавни живуть у лісі, і вони радіють»
"on the rocks sit the Mermen with their harps of gold"
«На скелях сидять русалки з золотими арфами»
"Let me be as they are, I beseech thee"
"Дозволь мені бути таким, як вони, благаю тебе"
"their days are like the days of flowers"
«Їхні дні, як дні квітів»
"And, as for my Soul," the young Fisherman continued
— А щодо моєї Душі, — вів далі молодий Рибалка
what doth my Soul profit me?"
Яка користь мені душа моя?"
"how is it good if it stands between what I love?"
«Як це добре, якщо він стоїть між тим, що я люблю?»
"The love of the body is vile" cried the Priest
«Любов до тіла мерзенна», — вигукнув священик
"and vile and evil are the pagan things"
«А поганські речі мерзенні та злі»
"Accursed be the fauns of the woodland"
«Прокляті фавни лісу»
"and accursed be the singers of the sea!"
«І прокляті співці моря!»
"I have heard them at night-time"
«Я чув їх уночі»
"they have tried to lure me from my bible"
«Вони намагалися виманити мене з моєї Біблії»
"They tap at the window, and laugh"
«Стукають у вікно і сміються»
"They whisper into my ears at night"
«Вони шепочуть мені на вухо вночі»
"they tell me tales of their perilous joys"
«Вони розповідають мені казки про свої небезпечні радощі»

"They try to tempt me with temptations"
«Вони намагаються спокусити мене спокусами»
"and when I try to pray they mock me"
"І коли я намагаюся молитися, вони насміхаються з мене"
"The mer-folk are lost, I tell thee"
"Русалки заблукали, кажу тобі"
"For them there is no heaven, nor hell"
«Для них немає ні раю, ні пекла»
"and they shall never praise God's name"
"І вони ніколи не будуть хвалити Боже Ймення"
"Father," cried the young Fisherman
— Батьку, — вигукнув молодий Рибалка
"thou knowest not what thou sayest"
"Ти не знаєш, що говориш"
"Once in my net I snared the daughter of a King"
«Одного разу в свої тенета я зловив дочку короля»
"She is fairer than the morning star"
«Вона прекрасніша за ранкову зорю»
"and she is whiter than the moon"
«І вона біліша за місяць»
"For her body I would give my Soul"
«За її тіло я віддав би свою Душу»
"and for her love I would surrender heaven"
"І заради її любові я віддав би небо"
"Tell me what I ask of thee"
"Скажи мені, про що я прошу тебе"
"Father I implore thee, let me go in peace"
"Отче, благаю тебе, відпусти мене з миром"
"Get away from me! Away!" cried the Priest
— Іди геть від мене! Геть!» — закричав Священик
"thy lover is lost, and thou shalt be lost with her"
"Твоя кохана пропала, і ти пропадеш з нею"
the Priest gave him no blessing
Священик не дав йому благословення
and he drove him from his door
І він вигнав його з дому свого

the young Fisherman went down into the market-place
Молодий Рибалка спустився на базар
he walked slowly with his head bowed
Він ішов повільно, схиливши голову
he walked like one who is in sorrow
Він ішов, як той, хто в скорботі
the merchants saw the young Fisherman coming
купці побачили, що молодий Рибалка йде
and the merchants whispered to each other
І купці перешіптувалися між собою
one of the merchants came forth to meet him
Назустріч йому вийшов один з купців
and he called him by his name
І він назвав Його ім'ям
"What hast thou to sell?" he asked him
"Що ти маєш продати?" — запитав він його
"I will sell thee my Soul," he answered
— Я продам тобі свою душу, — відповів він
"I pray thee buy my Soul off me"
"Благаю Тебе, відкупи від мене мою Душу"
"because I am weary of it"
«Тому що я втомився від цього»
"of what use is my Soul to me?"
— Яка мені користь від душі моєї?
"I cannot see my Soul"
«Я не бачу своєї Душі»
"I cannot touch my Soul"
«Я не можу доторкнутися до своєї Душі»
"I do not know my Soul"
«Я не знаю своєї Душі»
But the merchants only mocked him
Але купці тільки знущалися з нього
"Of what use is a man's Soul to us?"
«Яка нам Душа людини?»
"It is not worth a piece of silver"
«Не вартий шматка срібла»

"Sell us thy body for slavery"
"Продай нам своє тіло в рабство"
"and we will clothe thee in sea-purple"
"І ми зодягнемо тебе в морську пурпуру"
"and we'll put a ring upon thy finger"
"І ми одягнемо тобі на палець перстень"
"and we'll make thee the minion of the great Queen"
"І ми зробимо тебе поплічником великої Цариці"
"but don't talk of the Soul to us"
«Але не говори нам про Душу»
"because for us a Soul is of no use"
«Тому що для нас Душа не приносить користі»
And the young Fisherman thought to himself
І молодий Рибалка подумав про себе
"How strange a thing this is!"
— Яка це дивна річ!
"The Priest told me the value of the Soul"
«Священик розповів мені ціну Душі»
"the Soul is worth all the gold in the world"
«Душа варта всього золота світу»
"but the merchants say a different thing"
«Але купці говорять інше»
"the Soul is not worth a piece of silver"
«Душа не варта срібняка»
And he went out of the market-place
І вийшов він із ринку
and he went down to the shore of the sea
І зійшов він на берег моря
and he began to ponder on what he should do
І він почав розмірковувати, що йому робити

The Witch
Відьма

At noon he remembered one of his friends
Опівдні він згадав про одного зі своїх друзів
his friend was a gatherer of samphire
Його друг був збирачем Самфіра
he had told him of a young Witch
він розповів йому про молоду Відьму
this young Witch dwelt in a nearby cave
ця молода Відьма жила в сусідній печері
and she was very cunning in her Witcheries
і вона була дуже хитра у своїх чаклунствах
the young Fisherman stood up and ran to the cave
Молодий Рибалка підвівся і побіг до печери

By the itching of her palm she knew he was coming
По сверблячці долоні вона зрозуміла, що він прийде
and she laughed, and let down her red hair
І вона засміялася, і розпустила своє руде волосся
She stood at the opening of the cave
Вона стояла біля входу в печеру
her long red hair flowed around her
Її довге руде волосся спадало на неї
and in her hand she had a spray of wild hemlock
А в руці в неї був бризок дикого болиголова
"What do you lack?" she asked, as he came
«Чого тобі не вистачає?» — запитала вона, коли він підійшов
he was panting when got to her
Він задихався, коли підійшов до неї
and he bent down before her
І він нахилився перед нею
"Do you want fish for when there is no wind?"
— Хочеш риби, коли немає вітру?
"I have a little reed-pipe"
«У мене є маленька очеретяна сопілка»

"when I blow it the mullet come into the bay"
«Коли я дмухаю, кефаль заходить у затоку»
"But it has a price, pretty boy"
«Але це має ціну, гарненький хлопчику»
"What do you lack?"
— Чого тобі бракує?

"Do you want a storm to wreck the ships?"
— Хочеш, щоб шторм розбив кораблі?
"It will wash the chests of rich treasure ashore"
«Скрині з багатими скарбами вимиє на берег»
"I have more storms than the wind"
«У мене бурі більше, ніж вітру»
"I serve one who is stronger than the wind"
«Я служу тому, хто сильніший за вітер»
"I can send the great galleys to the bottom of the sea"
«Я можу послати великі галери на дно моря»
"with a sieve and a pail of water"
«З ситом і відром води»
"But I have a price, pretty boy"
«Але ж у мене є ціна, гарненький хлопчику»
"What do you lack?"
— Чого тобі бракує?

"I know a flower that grows in the valley"
«Я знаю квітку, яка росте в долині»
"no one knows of this flower, but I"
«Ніхто не знає про цю квітку, крім мене»
"this secret flower has purple leaves"
«У цієї таємної квітки фіолетове листя»
"and in the heart of the flower is a star"
«А в серці квітки зірка»
"and its juice is as white as milk"
«А сік його білий, як молоко»
"touch the lips of the Queen with it"
«доторкнутися ним до губ королеви»

"and she will follow thee all over the world"
"І вона піде за тобою по всьому світу"
"Out of the bed of the King she would rise"
«З ліжка царя вона встане»
"and over the whole world she would follow thee"
"І по цілому світі вона піде за тобою"
"But it has a price, pretty boy"
«Але це має ціну, гарненький хлопчику»
"What do you lack?"
— Чого тобі бракує?

"I can pound a toad in a mortar"
«Я можу товкти жабу в ступі»
"and I can make broth of the toad"
"А я можу зварити бульйон з жаби"
"stir the broth with a dead man's hand"
«Розмішати бульйон рукою мерця»
"Sprinkle it on thine enemy while he sleeps"
"Посип ним свого ворога, поки він спить"
"and he will turn into a black viper"
«І він перетвориться на чорну гадюку»
"and his own mother will slay him"
«І вб'є його рідна мати»
"With a wheel I can draw the Moon from heaven"
«Колесом я можу намалювати Місяць з неба»
"and in a crystal I can show thee Death"
"І в кришталі я можу показати тобі Смерть"
"What do you lack?"
— Чого тобі бракує?
"Tell me thy desire and I will give it to you"
"Скажи мені своє бажання, і я дам його тобі"
"and thou shalt pay me a price, pretty boy"
"І ти заплатиш мені ціну, гарненький хлопчику"

"My desire is but for a little thing"
«Моє бажання – це лише дрібниця»
"yet the Priest was angry with me"

«Але священик розгнівався на мене»
"and he chased me away in anger"
«І він прогнав мене в гніві»
"My wish is but for a little thing"
«Моє бажання – це лише дрібниця»
"yet the merchants have mocked me"
«Але купці насміхалися з мене»
"and they denied me my wish"
«І вони відмовили мені в моєму бажанні»
"Therefore have I come to thee"
"Тому я прийшов до тебе"
"I came although men call thee evil"
"Я прийшов, хоча люди називають тебе злом"
"but whatever thy price is I shall pay it"
"Але якою б не була твоя ціна, я заплачу її"
"What would'st thou?" asked the Witch
«Що б ти хотіла?» — запитала Відьма
and she came near to the Fisherman
І вона наблизилася до Рибалки
"I wish to send my Soul away from me"
«Я хочу відіслати свою Душу від себе»
The Witch grew pale, and shuddered
Відьма зблідла і здригнулася
and she hid her face in her blue mantle
І вона сховала своє обличчя в блакитну мантію
"Pretty boy, that is a terrible thing to do"
«Гарненький хлопчику, це жахлива справа»
He tossed his brown curls and laughed
Він підкинув свої каштанові кучері і засміявся
"My Soul is nought to me" he answered
— Душа моя мені ніяка, — відповів він
"I cannot see my Soul"
«Я не бачу своєї Душі»
"I cannot touch my Soul"
«Я не можу доторкнутися до своєї Душі»
"I do not know my Soul"

«Я не знаю своєї Душі»
the young Witch saw an opportunity
молода Відьма побачила можливість
"What would thou give me if I tell thee?"
"Що ти даси мені, якщо я скажу тобі?"
and she looked down at him with her beautiful eyes
І вона дивилася на нього своїми прекрасними очима
"I will give thee five pieces of gold" he said
"Я дам тобі п'ять золотих", — сказав він
"and I will give thee my nets for fishing"
"І я дам тобі свої сіті на риболовлю"
"and I will give thee the house where I live"
"І я дам тобі дім, де живу"
"and you can have my boat"
«А ти можеш мати мій човен»
"I will give thee all that I possess"
"Я дам тобі все, що маю"
"Tell me how to get rid of my Soul"
«Скажи мені, як позбутися моєї Душі»
She laughed mockingly at him
Вона глузливо сміялася з нього
and she struck him with the spray of hemlock
І вдарила вона його бризками болиголова
"I can turn the autumn leaves into gold"
«Я можу перетворити осіннє листя на золото»
"and I can weave the pale moonbeams into silver"
«І я можу сплести бліді місячні промені в срібло»
"He whom I serve is richer than all kings"
«Той, кому я служу, багатший від усіх царів»
"thy price be neither gold nor silver," he confirmed
"Твоя ціна не буде ні золота, ні срібла", — підтвердив він
"What then shall I give thee if?"
— Що ж я тобі дам, якщо?
"The Witch stroked his hair with her thin white hand"
«Відьма гладила його по волоссю своєю тонкою білою рукою»

"Thou must dance with me, pretty boy," she murmured
— Ти мусиш танцювати зі мною, гарненький хлопчику, — пробурмотіла вона
and she smiled at him as she spoke
І вона всміхалася йому, коли говорила
"Nothing but that?" cried the young Fisherman
«Нічого, крім цього?» — вигукнув молодий Рибалка
and he wondered why she didn't ask for more
І він дивувався, чому вона не просить більшого
"Nothing but that" she answered
— Нічого, крім цього, — відповіла вона
and she smiled at him again
І вона знову посміхнулася йому
"Then at sunset we shall dance together"
«Тоді на заході сонця ми будемо танцювати разом»
"And after we have danced thou shalt tell me"
"А коли ми потанцюємо, ти скажеш мені"
"The thing which I desire to know"
«Те, що я хочу знати»
the young Witch shook her head
молода Відьма похитала головою
"When the moon is full" she muttered
— Коли місяць повний, — пробурмотіла вона
Then she peered all round, and listened
Потім вона озирнулася навкруги і прислухалася
A blue bird rose screaming from its nest
Синій птах кричить зі свого гнізда
and the blue bird circled over the dunes
І синій птах кружляв над дюнами
and three spotted birds rustled in the grass
А в траві шелестіли три плямисті пташки
and the birds whistled to each other
І пташки свистіли одна до одної,
There was no other sound except for the sound of a wave
Іншого звуку, крім шуму хвилі, не було
the wave was crushing pebbles

Хвиля трощила камінці
So she reached out her hand
І вона простягла руку
and she drew him near to her
І вона притягла його до себе
and she put her dry lips close to his ear
І вона приклала свої сухі губи до його вуха
"Tonight thou must come to the top of the mountain"
"Сьогодні вночі ти маєш прийти на вершину гори"
"It is a Sabbath, and He will be there"
"Це субота, і Він буде там"
The young Fisherman was startled by what she said
Молодий Рибалка був вражений її словами
she showed him her white teeth and laughed
Вона показала йому свої білі зуби і засміялася
"Who is He of whom thou speakest?"
"Хто Той, про Кого ти говориш?"
"It matters not," she answered
— Це не має значення, — відповіла вона
"Go there tonight," she told him
"Іди туди сьогодні ввечері", — сказала вона йому
"wait for me under the branches of the hornbeam"
«Чекай мене під гіллям граба»
"If a black dog runs towards thee don't panic"
«Якщо чорний пес біжить до тебе, не панікуй»
"strike the dog with willow and it will go away"
«Вдар собаку вербою, і вона піде»
"If an owl speaks to thee don't answer it"
«Якщо сова говорить з тобою, не відповідай на неї»
"When the moon is full I shall be with thee"
"Коли місяць буде повний, я буду з тобою"
"and we will dance together on the grass"
«І ми будемо разом танцювати на траві»
the young Fisherman agreed to do as she said
молодий Рибалка погодився зробити так, як вона сказала
"But do you swear to tell me how to send my Soul away?"

— Але ти клянешся сказати мені, як відіслати мою Душу?
She moved out into the sunlight
Вона вийшла на сонячне світло
and the wind rippled through her red hair
І вітер бринів по її рудому волоссю
"By the hoofs of the goat I swear it"
«Копитами кози клянусь»
"Thou art the best of the Witches" cried the young Fisherman
— Ти найкраща з відьом, — вигукнув молодий Рибалка
"and I will surely dance with thee tonight"
"І я обов'язково буду танцювати з тобою цієї ночі"
"I would have preferred it if you had asked for gold"
«Я б вважав за краще, якби ви попросили золота»
"But if this is thy price I shall pay it"
"Але якщо це твоя ціна, я заплачу її"
"because it is but a little thing"
«Тому що це всього лише дрібниця»
He doffed his cap to her and bent his head low
Він скинув перед нею шапку і низько схилив голову
and he ran back to town with joy in his heart
І він побіг назад до міста з радістю в серці
And the Witch watched him as he went
І Відьма дивилася на нього, коли він ішов
when he had passed from her sight she entered her cave
Коли він зник з її очей, вона ввійшла до своєї печери
she took out a mirror from a box
Вона дістала з коробки дзеркало
and she set up the mirror on a frame
І вона поставила дзеркало на раму
She burned vervain on lighted charcoal before the mirror
Вона палила вербену на запаленому вугіллі перед дзеркалом
and she peered through the coils of the smoke
І вона зазирнула крізь клуби диму
after a time she clenched her hands in anger
Через деякий час вона в гніві стиснула руки

"He should have been mine," she muttered
— Він мав бути моїм, — пробурмотіла вона
"I am as beautiful as she is"
«Я така ж прекрасна, як і вона»

When the moon had risen he left his hut
Коли зійшов місяць, він вийшов зі своєї хатини
the young Fisherman climbed up to the top of the mountain
молодий Рибалка піднявся на вершину гори
and he stood under the branches of the hornbeam
І став він під гіллям граба
The sea lay at his feet like a disc of polished metal
Море лежало біля його ніг, як диск з полірованого металу
the shadows of the fishing boats moved in the little bay
Тіні рибальських човнів рухалися в маленькій бухті
A great owl with yellow eyes called him
Його покликала велика сова з жовтими очима
it called him by his name
Він назвав його на ім'я
but he made the owl no answer
Але він не відповів сові
A black dog ran towards him and snarled
Назустріч йому підбіг чорний пес і загарчав
but he did not panic when the dog came
Але він не запанікував, коли прийшла собака
he struck the dog with a rod of willow
Він вдарив собаку вербовим прутом
and the dog went away, whining
А пес пішов, скиглить

At midnight the Witches came flying through the air
Опівночі в повітрі пролетіли Відьми
they were like bats flying in the air
Вони були схожі на кажанів, що літають у повітрі
"Phew!" they cried, as they landed on the ground
«Фу!» — закричали вони, приземлившись на землю

"there is someone here that we don't know!"
— Тут є хтось, кого ми не знаємо!
and they sniffed around for the stranger
І вони обнюхували незнайомця
they chattered to each other and made signs
Вони базікали між собою і робили знаки
Last of all came the young Witch
Останньою прийшла молода Відьма
her red hair was streaming in the wind
Її руде волосся розвіювалося на вітрі
She wore a dress of gold tissue
На ній була сукня із золотої тканини
and her dress was embroidered with peacocks' eyes
А її сукня була вишита очима павичів
a little cap of green velvet was on her head
На голові у неї була маленька шапочка із зеленого оксамиту
"Who is he?" shrieked the Witches when they saw her
«Хто він?» — верещали Відьми, побачивши її
but she only laughed, and ran to the hornbeam
Але вона тільки засміялася і побігла до граба
and she took the Fisherman by the hand
І вона взяла Рибалку за руку
she led him out into the moonlight
Вона вивела його на місячне сяйво
and in the moonlight they began to dance
І в місячному сяйві вони почали танцювати
Round and round they whirled in their dance
Кружляли вони в танці
she jumped higher and higher into the air
Вона підстрибувала все вище і вище в повітря
he could see the scarlet heels of her shoes
Він бачив червоні підбори її туфель
Then came the sound of the galloping of a horse
Потім почувся стукіт коня, що скаче
but there was no horse to be seen

Але коня не було видно
and he felt afraid, but he did not know why
І йому стало страшно, але він не знав чому
"Faster," cried the Witch to him
— Швидше, — гукнула до нього Відьма
and she threw her arms around his neck
І вона обняла його за шию
and her breath was hot upon his face
І її подих був гарячим на його обличчі
"Faster, faster!" she cried again
«Швидше, швидше!» — знову вигукнула вона
the earth seemed to spin beneath his feet
Здавалося, що земля закрутилася під його ногами
and his thoughts grew more and more troubled
І думки його ставали все більш і більш тривожними
out of nowhere a great terror fell on him
Нізвідки на нього напав великий жах
he felt some evil thing was watching him
Він відчував, що за ним стежить щось лихе
and at last he became aware of something
І нарешті він дещо усвідомив
under the shadow of a rock there was a figure
У тіні скелі стояла постать
a figure that he had not been there before
Фігура, якої він раніше не був
It was a man dressed in a black velvet suit
Це був чоловік, одягнений у чорний оксамитовий костюм
it was styled in the Spanish fashion
він був стилізований за іспанською модою
the strangers face was strangely pale
Обличчя незнайомців було дивно блідим
but his lips were like a proud red flower
Але губи його були, як горда червона квітка
He seemed weary of what he was seeing
Здавалося, він втомився від побаченого
he was leaning back toying in a listless manner

Він відкинувся на спинку крісла, мляво граючись
he was toying with the pommel of his dagger
Він грався з навершям свого кинджала
on the grass beside him lay a plumed hat
На траві біля нього лежав капелюх з пір'ям
and there were a pair of riding gloves with gilt lace
А ще була пара рукавичок для верхової їзди з позолоченим мереживом
they were sewn with seed-pearls
Вони були пришиті насінням-перлами
A short cloak lined with sables hung from his shoulder
З його плеча звисав короткий плащ, підбитий соболями
and his delicate white hands were gemmed with rings
А його ніжні білі руки були прикрашені перснями
Heavy eyelids drooped over his eyes
Важкі повіки опустилися на очі
The young Fisherman watched the stranger
Молодий Рибалка спостерігав за незнайомцем
just like when one is snared in a spell
Так само, як коли людина потрапляє в пастку закляття
At last the Fisherman's and the stranger's eyes met
Нарешті погляди Рибалки і незнайомця зустрілися
wherever he danced the eyes seemed to be on him
Скрізь, де він танцював, здавалося, що очі дивляться на нього
He heard the Witch laugh wildly
Він почув, як Відьма дико засміялася
and he caught her by the waist
І він схопив її за пояс
and he whirled her madly round and round
І він шалено кружляв її по колу
Suddenly a dog barked in the woods
Раптом у лісі загавкав собака
and all the dancers stopped dancing
І всі танцюристи перестали танцювати
they knelt down and kissed the man's hands

Вони стали навколішки і поцілували руки чоловіка
As they did so a little smile touched his proud lips
Коли вони це зробили, легка усмішка торкнулася його гордих вуст
like when a bird's wing touches the water
Як коли пташине крило торкається води
and it makes the water laugh a little
І це змушує воду трохи сміятися
But there was disdain in his smile
Але в його усмішці була зневага
He kept looking at the young Fisherman
Він весь час дивився на молодого Рибалку
"Come! let us worship" whispered the Witch
— Ходімо! поклоняймося, — прошепотіла Відьма
and she led him up to the man
І вона повела його до чоловіка
a great desire to follow her seized him
Його охопило величезне бажання піти за нею
and he followed her to the man
І він пішов за нею до чоловіка
But when he came close he made the sign of the Cross
Але коли він підійшов ближче, то зробив хресне знамення
he did this without knowing why he did it
Він зробив це, не знаючи, навіщо він це зробив
and he called upon the holy name
І він прикликав святе ім'я
As soon as he did this the Witches screamed like hawks
Як тільки він це зробив, відьми закричали, як яструби
and all the Witches flew away like bats
і всі Відьми полетіли, як кажани
the figure under the shadow tWitched with pain
постать під тінню смикалася від болю
The man went over to a little wood and whistled
Чоловік підійшов до лісу і свиснув
A horse with silver trappings came running to meet him
Назустріч йому прибіг кінь зі срібними атрибутами

As he leapt upon the saddle he turned round
Скочивши на сідло, він обернувся
and he looked at the young Fisherman sadly
і він сумно подивився на молодого Рибалку
the Witch with the red hair also tried to fly away
Відьма з рудим волоссям теж намагалася полетіти
but the Fisherman caught her by her wrists
але Рибалка схопив її за зап'ястя
and he kept hold of her tightly
І він міцно тримав її
"Let me loose!" she cried, "Let me go!"
«Відпусти мене!» — закричала вона. — «Відпусти мене!»
"thou hast named what should not be named"
"Ти назвав те, що не слід називати"
"and thou hast shown the sign that may not be looked at"
"І Ти показав ознаку, на яку не можна дивитися"
"I will not let thee go till thou hast told me the secret"
"Я не відпущу тебе, поки ти не відкриєш мені таємницю"
"What secret?" said the Witch
«Яка таємниця?» — запитала Відьма
and she wrestled with him like a wild cat
І вона боролася з ним, як дика кішка
and she bit her foam-flecked lips
І вона прикусила губи, вкриті піною
"You know the secret," replied the Fisherman
— Ти знаєш таємницю, — відповів Рибалка
Her grass-green eyes grew dim with tears
Її зелені, як трава, очі потьмяніли від сліз
"Ask me anything but that!" she begged of the Fisherman
«Спитай мене про що-небудь, тільки не про це!» — благала вона Рибалку
He laughed, and held her all the more tightly
Він засміявся і ще міцніше обійняв її
She saw that she could not free herself
Вона бачила, що не може звільнитися
when she realized this she whispered to him

Зрозумівши це, вона прошепотіла йому
"Surely I am as fair as the daughters of the sea"
«Воістину, я вродлива, як дочки моря»
"and I am as comely as those that dwell in the blue waters"
«І я гарний, як ті, що живуть у синіх водах»
and she fawned on him and put her face close to his
І вона підлестилася до нього і притулила своє обличчя до його
But he thrust her back and replied to her
Але він відштовхнув її назад і відповів їй
"If thou don't keep your promise I will slay thee"
"Якщо ти не виконаєш свою обіцянку, я вб'ю тебе"
"I will slay thee for a false Witch"
"Я вб'ю тебе за фальшиву відьму"
She grew gas rey as a blossom of the Judas tree
Вона виростила газову рейку, як цвіт Іудиного дерева
and a strange shudder past through her body
І дивне здригання промайнуло по її тілу
"if that is how you want it to be," she muttered
— Якщо ти хочеш саме так, — пробурмотіла вона
"It is thy Soul and not mine"
"Це твоя душа, а не моя"
"Do with your Soul as thou wish"
"Роби зі своєю душею, як хочеш"
And she took from her girdle a little knife
І взяла вона з пояса маленького ножика
the knife had a handle of green viper's skin
Ніж мав руків'я зі шкіри зеленої гадюки
and she gave him this green little knife
І вона дала йому цього зеленого ножика
"What shall I do with this?" he asked of her
«Що мені з цим робити?» — запитав він її
She was silent for a few moments
Кілька хвилин вона мовчала
a look of terror came over her face
На її обличчі з'явився вираз жаху

Then she brushed her hair back from her forehead
Потім вона зачесала волосся назад з чола
and, smiling strangely, she spoke to him
І, дивно посміхаючись, заговорила до нього
"men call it the shadow of the body"
«Люди називають це тінню тіла»
"but it is not the shadow of the body"
«Але це не тінь тіла»
"the shadow is the body of the Soul"
«тінь – це тіло душі»
"Stand on the sea-shore with thy back to the moon"
"Стій на березі моря спиною до місяця"
"cut away from around thy feet thy shadow"
"Відтяти від ніг твоїх тінь твою"
"the shadow, which is thy Soul's body"
"тінь, яка є тілом твоєї душі"
"and bid thy Soul to leave thee"
"І скажи своїй Душі покинути тебе"
"and thy Soul will leave thee"
"І душа твоя покине тебе"
The young Fisherman trembled, "Is this true?"
Молодий Рибалка здригнувся: «Це правда?»
"what I have said is true," she answered him
«Те, що я сказала, є правдою», — відповіла вона йому
"and I wish that I had not told thee of it"
"І я хотів би, щоб я не говорив тобі про це"
she cried, and clung to his knees weeping
Вона скрикнула і пригорнулася до його колін і заплакала
he moved her away from him in the tall grass
Він відсунув її від себе у високу траву
and he placed the little green knife in his belt
І він поклав маленького зеленого ножика собі на пояс
then he went to the edge of the mountain
Потім він пішов на край гори
from the edge of the mountain he began to climb down
З краю гори він почав спускатися вниз

The Soul
Душа

his Soul called out to him
кликала до нього його Душа
"I have dwelt with thee for all these years"
"Я жив з тобою всі ці роки"
"and I have been thy servant"
"І я був твоїм слугою"
"Don't send me away from thee"
"Не відпускай мене від себе"
"what evil have I done thee?"
— Яке зло я тобі зробив?
And the young Fisherman laughed
І молодий Рибалка засміявся
"Thou has done me no evil"
"Ти не вчинив мені зла"
"but I have no need of thee"
"Але ти мені не потрібна"
"The world is wide"
«Світ широкий»
"there is Heaven and Hell in this life"
«У цьому житті є Рай і Пекло»
"and there a dim twilight between them"
"А між ними тьмяні сутінки"
"Go wherever thou wilt, but trouble me not"
"Іди, куди хочеш, але не турбуй мене"
"because my love is calling to me"
«Бо моя любов кличе мене»
His Soul besought him piteously
Його Душа жалібно благала його
but the young Fishmerman heeded it not
але молодий Рибалка не зважав на це
instead, he leapt from crag to crag
Замість цього він перестрибував зі скелі на скелю
he moved as sure-footed as a wild goat

Він рухався впевнено, як дикий козел
and at last he reached the level ground
І нарешті він вийшов на рівну землю
and then he reached the yellow shore of the sea
А потім дійшов до жовтого берега моря
He stood on the sand with his back to the moon
Він стояв на піску спиною до місяця
and out of the sea-foam came white arms
І з морської піни вийшли білі руки
the arms of the mermaid beckoned him to come
Руки русалки манили його прийти
Before him lay his shadow; the body of his Soul
Перед ним лежала його тінь; тіло його Душі
behind him hung the moon, in honey-coloured air
Позаду нього висів місяць, у медовому повітрі
And his Soul spoke to him again
І його Душа знову заговорила до нього
"thou hast decided to drive me away from thee"
"Ти вирішив прогнати мене від себе"
"but send me not forth without a heart"
"Але не посилай мене без серця"
"The world you are sending me to is cruel"
«Світ, у який ти мене посилаєш, жорстокий»
"give me thy heart to take with me"
"Дай мені своє серце, щоб я взяв мене з собою"
He tossed his head and smiled
Він закинув головою і посміхнувся
"With what should I love if I gave thee my heart?"
"Чим я маю любити, якщо віддам тобі своє серце?"
"Nay, but be merciful," said his Soul
— Ні, але будь милосердний, — сказала його Душа
"give me thy heart, for the world is very cruel"
"Дай мені своє серце, бо світ дуже жорстокий"
"and I am afraid," begged his soul
— А я боюся, — благала його душа
"My heart belongs my love," he answered

«Моє серце належить моїй любові», — відповів він
"Should I not love also?" asked his Soul
«Чи не кохати мені теж?» — запитала його Душа
but the fisherman didn't answer his soul
Але рибалка не відповів душі
"Get thee gone, for I have no need of thee"
"Іди геть, бо ти мені не потрібен"
and he took the little knife
І він узяв маленького ножика
the knife with its handle of green viper's skin
ніж з руків'ям зі шкіри зеленої гадюки
and he cut away his shadow from around his feet
І він зрізав тінь свою з-під ніг своїх
and his shadow rose up and stood before him
І тінь його піднялася, і стала перед ним
his shadow was just like he was
Його тінь була такою ж, як і він
and his shadow looked just like he did
І його тінь виглядала так само, як і він
He crept back and put his knife into his belt
Він відповз назад і засунув ножа в пояс
A feeling of awe came over him
Його охопило почуття благоговіння
"Get thee gone," he murmured
— Іди геть, — пробурмотів він
"let me see thy face no more"
"Дай мені більше не бачити Твого обличчя"
"Nay, but we must meet again," said the Soul
— Ні, але ми повинні зустрітися знову, — сказала Душа
His Soul's voice was low and like a flute
Голос його Душі був низький і схожий на флейту
its lips hardly moved while it spoke
Його губи майже не ворушилися, поки він говорив
"How shall we meet?" asked the young Fisherman
«Як ми зустрінемося?» — запитав молодий Рибалка
"Thou wilt not follow me into the depths of the sea?"

— Чи не підеш ти за мною в морську безодню?
"Once every year I will come to this place"
«Раз на рік я буду приїжджати сюди»
"I will call to thee," said the Soul
— Я покличу тебе, — сказала Душа
"It may be that thou will have need of me"
"Можливо, ти потребуватимеш мене"
the young Fishermam did not see a reason
молодий Рибалка не бачив причини
"What need could I have of thee?"
— Яка в мене може бути потреба в тобі?
"but be it as thou wilt"
"Але нехай буде так, як ти хочеш"
he plunged into the deep dark waters
Він поринув у глибокі темні води
and the Tritons blew their horns to welcome him
І тритони засурмили в роги, щоб привітати його
the little Mermaid rose up to meet her lover
маленька Русалочка піднялася назустріч своєму коханому
she put her arms around his neck
Вона обійняла його за шию
and she kissed him on the mouth
І вона поцілувала його в уста
His Soul stood on the lonely beach
Його Душа стояла на самотньому березі
his Soul watched them sink into the sea
його Душа дивилася, як вони занурюються в море
then his Soul went weeping away over the marshes
Тоді його Душа пішла плакати по болотах

After the First Year
Після першого курсу

it had been one year since had he cast his soul away
Минув рік відтоді, як він відкинув свою душу
the Soul came back to the shore of the sea
Душа повернулася на берег моря
and the Soul called to the young Fisherman
і Душа покликала молодого Рибалку
the young Fisherman rose back out of the sea
молодий Рибалка піднявся з моря
he asked his soul, "Why dost thou call me?"
Він запитав свою душу: "Чому ти кличеш мене?"
And the Soul answered, "Come nearer"
А Душа відповіла: "Підійди ближче"
"come nearer, so that I may speak with thee"
"Підійди ближче, і я можу поговорити з тобою"
"I have seen marvellous things"
«Я бачив чудеса»
So the young Fisherman came nearer to his soul
Так молодий Рибалка наблизився до своєї душі
and he couched in the shallow water
І він лежав на мілководді
and he leaned his head upon his hand
І він сперся головою на руку свою
and he listened to his Soul
і він слухав свою Душу
and his Soul spoke to him
і його Душа промовляла до нього

When I left thee I turned East
Коли я покинув тебе, я повернув на схід
From the East cometh everything that is wise
Зі Сходу приходить все мудре
For six days I journeyed eastwards
Шість днів я мандрував на схід

on the morning of the seventh day I came to a hill
Вранці сьомого дня я прийшов на пагорб
a hill that is in the country of the Tartars
пагорб, що знаходиться в країні татар
I sat down under the shade of a tamarisk tree
Я сів у тіні дерева тамариск
in order to shelter myself from the sun
для того, щоб сховатися від сонця
The land was dry and had burnt up from the heat
Земля була суха і згоріла від спеки
The people went to and fro over the plain
Люди ходили туди-сюди по рівнині
they were like flies crawling on polished copper
Вони були схожі на мух, що повзають по полірованій міді
When it was noon a cloud of red dust rose
Коли настав полудень, здійнялася хмара червоного пилу
When the Tartars saw it they strung their bows
Побачивши це, татари нанизали луки
and they leapt upon their little horses
І вони скочили на своїх маленьких коней
they galloped to meet the cloud of red dust
Вони поскакали назустріч хмарі червоного пилу
The women fled to the wagons, screamin
Жінки побігли до вагонів, кричали
they hid themselves behind the felt curtains
Вони сховалися за повстяними фіранками
At twilight the Tartars returned to their camp
У сутінках татари повернулися до свого табору
but five of them did not return
Але п'ятеро з них не повернулися
many of them had been wounded
Багато з них були поранені
They harnessed their horses to the wagons
Вони запрягали своїх коней у вози
and they drove away hastily
І вони поспіхом поїхали

Three jackals came out of a cave and peered after them
З печери вийшли три шакали і вдивлялися їм услід
the jackals sniffed the air with their nostrils
Шакали нюхали повітря ніздрями
and they trotted off in the opposite direction
І вони побігли риссю в протилежний бік
When the moon rose I saw a camp-fire
Коли зійшов місяць, я побачив багаття
and I went towards the fire in the distance
І я пішов до вогню вдалині
A company of merchants were seated round the fire
Навколо вогнища сиділа компанія купців
the merchants were sitting on their carpets
Купці сиділи на килимах
Their camels were tied up behind them
Їхні верблюди були прив'язані позаду них
and their servants were pitching tents in the sand
А їхні слуги ставили намети на піску
As I came near them the chief rose up
Коли я підійшов до них, вождь підвівся
he drew his sword and asked me my intentions
Він вихопив меч і запитав мене, що я маю на меті
I answered that I was a Prince in my own land
Я відповів, що я князь на своїй землі
I said I had escaped from the Tartars
Я сказав, що втік від татар
they had sought to make me their slave
Вони прагнули зробити мене своїм рабом
The chief smiled and showed me five heads
Вождь посміхнувся і показав мені п'ять голів
the heads were fixed upon long reeds of bamboo
Голови були закріплені на довгих очеретах з бамбука
Then he asked me who was the prophet of God
Потім він запитав мене, хто був пророком Бога
I answered him that it was, "Mohammed"
Я відповів йому, що це "Магомет"

He bowed and took me by the hand
Він вклонився і взяв мене за руку
and he let me sit by his side
І він дозволив мені сісти біля нього
A servant brought me some mare's milk in a wooden-dish
Слуга приніс мені кобиляче молоко в дерев'яному посуді
and he brought a piece of lamb's flesh
І Він приніс шматок м'яса ягняти
At daybreak we started on our journey
На світанку ми вирушили в дорогу
I rode on a red-haired camel, by the side of the chief
Я їхав на рудоволосому верблюді, поруч з вождем
a runner ran before us, carrying a spear
Перед нами біг бігун зі списом
The men of war were on both sides of us
Вояки були по обидва боки від нас
and the mules followed with the merchandise
А мули пішли слідом за товаром
There were forty camels in the caravan
У каравані було сорок верблюдів
and the mules were twice forty in number
А мулів було вдвічі сорок

We went from the land of Tartars to the land of Gryphons
Ми пішли з землі татарської в країну Грифонів
The folk of the Gryphons curse the Moon
Народ грифонів проклинає Місяць
We saw the Gryphons on the white rocks
Ми бачили Грифонів на білих скелях
they were guarding their gold treasure
Вони охороняли свій золотий скарб
And we saw the scaled Dragons sleeping in their caves
І ми побачили лускатих драконів, які спали у своїх печерах
As we passed over the mountains we held our breath
Проходячи через гори, ми затамували подих
so that the snow would not fall on us

Щоб сніг не падав на нас
and each man tied a veil over his eyes
І кожен пов'язав покривало на очі свої
when we passed through the valleys of the Pygmies
коли ми проходили через долини пігмеїв
and the Pygmies shot their arrows at us
І пігмеї пустили в нас свої стріли
they shot from the hollows of the trees
Стріляли з дупел дерев
at night we heard the wild men beat their drums
Вночі ми чули, як дикі люди б'ють у барабани
When we came to the Tower of Apes we offered fruits
Коли ми підійшли до Вежі мавп, то принесли плоди
and those inthe tower of the Apes did not harm us
і ті, що були у вежі мавп, не завдали нам шкоди
When we came to the Tower of Serpents we offered milk
Коли ми підійшли до Зміїної вежі, то запропонували молоко
and those in the tower of the Serpents let us go past
А ті, що в башті Зміїв, пропустять нас повз
Three times in our journey we came to the banks of the Oxus
Тричі під час нашої подорожі ми виходили на береги Оксуса
We crossed the river Oxus on rafts of wood
Ми перепливли річку Оксус на плотах з дерева
The river horses raged and tried to slay us
Річкові коні лютували і намагалися вбити нас
When the camels saw them they trembled
Коли верблюди побачили їх, вони затремтіли
The kings of each city levied tolls on us
Царі кожного міста стягували з нас мито
but they would not allow us to enter their gates
Але вони не дозволили нам увійти до їхніх воріт
They threw bread over the walls to us
Нам перекидали хліб через стіни
and they gave us little maize-cakes baked in honey

І дали нам маленькі кукурудзяні коржі, спечені в меду
and cakes of fine flour filled with dates
і коржі з борошна тонкого помелу з начинкою з фініків
For every hundred baskets we gave them a bead of amber
За кожні сто кошиків ми давали їм намистинку бурштину
When villagers saw us coming they poisoned the wells
Коли селяни побачили, що ми йдемо, вони отруїли колодязі
and the villagers fled to the hill-summits
І селяни втекли на вершини пагорбів
on our journey we fought with the Magadae
під час нашої подорожі ми воювали з магадами
They are born old, and grow younger every year
Вони народжуються старими, і з кожним роком молодшають
they die when they are little children
Вони помирають, коли стають маленькими дітьми
and on our journey we fought with the Laktroi
і в дорозі ми билися з Лактроєм
they say that the Laktroi are the sons of tigers
кажуть, що Лактрой - сини тигрів
and they paint themselves yellow and black
І вони фарбуються в жовтий і чорний кольори
And on our journey we fought with the Aurantes
І в нашій подорожі ми билися з аврантами
they bury their dead on the tops of trees
Вони ховають своїх померлих на верхівках дерев
the Sun, who is their god, slays their buried
Сонце, яке є їхнім богом, вбиває їх похованих
so they live in dark caverns
Тому вони живуть у темних печерах
And on our journey we fought with the Krimnians
І в дорозі ми билися з крімнянами
the folk of the Krimnians worship a crocodile
народ крімнійців поклоняється крокодилу
they give the crocodile earrings of green glass

Дарують крокодилячим сережкам із зеленого скла
they feed the crocodile with butter and fresh fowls
Годують крокодила маслом і свіжою птицею
we fought with the Agazonbae, who are dog-faced
ми воювали з агазонбами, які мають собачу морду
and we fought with the Sibans, who have horses' feet
І воювали ми з сибанами, що мають кінські ноги
and they can run swifter than the fastest horses
І вони можуть бігти швидше, ніж найшвидші коні

A third of our army died in battle
Третина нашої армії загинула в бою
a third of our army died from want of food
Третина нашої армії загинула від нестачі їжі
The rest of our army murmured against me
Решта нашого війська ремствувала на мене
they said that I had brought them an evil fortune
вони сказали, що я приніс їм лиху долю
I took an adder from beneath a stone
Я взяв гадюку з-під каменя
and I let the adder bite my hand
І я дозволив гадюці вкусити мене за руку
When they saw I did not sicken they grew afraid
Коли вони побачили, що я не хворію, вони злякалися
In the fourth month we reached the city of Illel
На четвертий місяць ми дійшли до міста Іллель
It was night time when we reached the city
Коли ми дісталися до міста, була ніч
we arrived at the grove outside the city walls
Ми приїхали до гаю за міськими стінами
the air in the city was sultry
Повітря в місті було спекотним
because the Moon was travelling in Scorpion
тому що Місяць подорожував у Скорпіоні
We took the ripe pomegranates from the trees
Стиглі гранати ми зняли з дерев

and we broke them, and drank their sweet juices
І ми їх ламали, і пили їхні солодкі соки
Then we laid down on our carpets
Потім ми лягли на килими
and we waited for the dawn to come
І ми чекали, коли настане світанок
At dawn we rose and knocked at the gate of the city
На світанку ми встали і постукали у ворота міста
the gate was wrought out of red bronze
Ворота були виковані з червоної бронзи
and the gate had carvings of sea-dragons
А на брамі були різьблені морські дракони
The guards looked down from the battlements
Вартові дивилися вниз з бійниць
and they asked us what our intentions were
І вони запитали нас, які наші наміри
The interpreter of the caravan answered
— відповів тлумач каравану
we said we had come from the land of Syria
ми сказали, що прийшли з землі Сирії
and we told him we had many merchandise
І ми сказали йому, що у нас багато товарів
They took some of us as hostages
Декого з нас вони взяли в заручники
and they told us they would open the gate at noon
І вони сказали нам, що відчинять ворота опівдні
when it was noon they opened the gate
Коли настав полудень, вони відчинили ворота
when we entered the people came out of the houses
Коли ми ввійшли, люди вийшли з будинків
they came in order to look at us
Вони прийшли, щоб подивитися на нас
and a town crier went around the city
І ходив по місту міський крикун
he made announcements of our arrival through a shell
Він оголосив про наш приїзд через снаряд

We stood in the market-place of the medina
Ми стояли на базарній площі Медіни
and the servants uncorded the bales of cloths
І слуги розв'язали тюки полотна
they opened the carved chests of sycamore
Вони відкрили різьблені скрині з явора
Then merchants set forth their strange wares
Тоді купці виставляли свої дивні товари
waxed linen from Egypt, painted linen from the Ethiops
вощений льон з Єгипту, розписний льон з Ефіопа
purple sponges from Tyre, cups of cold amber
фіолетові губки від Tyre, чашки холодного бурштину
fine vessels of glass, and curious vessels of burnt clay
тонкі посудини скляні, і чудернацькі посудини з обпаленої глини
From the roof of a house a company of women watched us
З даху будинку за нами спостерігала компанія жінок
One of them wore a mask of gilded leather
На одному з них була маска з позолоченої шкіри

on the first day the Priests came and bartered with us
У перший день прийшли священики і обмінялися з нами
On the second day the nobles came and bartered with us
На другий день прийшли вельможі і торгувалися з нами
on the third day the craftsmen came and bartered with us
На третій день прийшли майстри і торгувалися з нами
all of them brought their slaves to us
Всі вони привели до нас своїх рабів
this is their custom with all merchants
Такий у них звичай у всіх купців
we waited for the moon to come
Ми чекали, коли прийде місяць
when the moon was waning I wandered away
коли місяць спадав, я блукав
I wondered through the streets of the city
Я блукав вулицями міста

and I came to the garden of the city's God
І прийшов я до саду міського Бога
The Priests in their yellow robes moved silently
Священики в жовтих шатах рухалися мовчки
they moved through the green trees
Вони рухалися крізь зелені дерева
There was a pavement of black marble
Там була бруківка з чорного мармуру
and on this pavement stood a rose-red house
А на цій бруківці стояв рожево-червоний будиночок
this was the house in which the God was dwelling
це був дім, в якому перебував Бог
its doors were of powdered lacquer
Його дверцята були з порошкового лаку
and bulls and peacocks were wrought on the doors
А на дверях кували биків та павичів
and the doors were polished with gold
А двері були відполіровані золотом
The tiled roof was of sea-green porcelain
Черепичний дах був з порцеляни морського кольору
and the jutting eaves were festooned with little bells
А виступаючі карнизи були прикрашені маленькими дзвіночками
When the white doves flew past they struck the bells
Коли повз пролітали білі голуби, вони били в дзвони
they struck the bells with their wings
Вони вдарили крилами в дзвони
and the doves made the bells tinkle
А голуби змусили дзвіночки дзвеніти
In front of the temple was a pool of clear water
Перед храмом стояв басейн з чистою водою
the pool was paved with veined onyx
Басейн був вимощений оніксом з прожилками
I laid down beside the water of the pool
Я ліг біля води басейну
and with my pale fingers I touched the broad leaves

і блідими пальцями я торкнувся широкого листя
One of the Priests came towards me
Назустріч мені підійшов один зі священиків
and the priest stood behind me
А позаду мене стояв священик
He had sandals on his feet
На ногах у нього були сандалі
one sandal was of soft serpent-skin
Одна сандалія була з м'якої зміїної шкіри
and the other sandal was of birds' plumage
а інша сандалія була з пташиного оперення
On his head was a mitre of black felt
На голові у нього була митра з чорного фетру
and it was decorated with silver crescents
І був він прикрашений срібними півмісяцями
Seven kinds of yellow were woven into his robe
Сім видів жовтого кольору були вплетені в його мантію
and his frizzed hair was stained with antimony
А його кучеряве волосся було заплямоване сурмою

After a little while he spoke to me
Через деякий час він заговорив зі мною
finally, he asked me my desire
Нарешті він запитав мене про моє бажання
I told him that my desire was to see their god
Я сказала йому, що хочу побачити їхнього бога
He looked strangely at me with his small eyes
Він дивно дивився на мене своїми маленькими очима
"The god is hunting," said the Priest
— Бог полює, — сказав Жрець
I did not accept the answer of the priest
Я не прийняв відповіді священика
"Tell me in what forest and I will ride with him"
«Скажи мені, в якому лісі, і я поїду з ним»
his finger nails were long and pointed
Нігті на його пальцях були довгими і загостреними

he combed out the soft fringes of his tunic
Він розчесав м'яку бахрому своєї туніки
"The god is asleep," he murmured
— Бог спить, — пробурмотів він
"Tell me on what couch, and I will watch over him"
«Скажи мені, на якій канапі, і я буду наглядати за ним»
"The god is at the feast" he cried
— Бог на бенкеті, — вигукнув він
"If the wine be sweet, I will drink it with him"
«Якщо вино буде солодке, я вип'ю його з ним»
"and if the wine be bitter, I will drink it with him also"
"А якщо вино гірке, то й я вип'ю його з ним"
He bowed his head in wonder
Він здивовано схилив голову
then he took me by the hand
Потім він узяв мене за руку
and raised me up onto my feet
і підняв мене на ноги
and he led me into the temple
І він повів мене до храму

In the first chamber I saw an idol
У першій кімнаті я побачив ідола
This idol was seated on a throne of jasper
Цей ідол сидів на троні з яшми
the idol was bordered with great orient pearls
Ідол облямований великими східними перлинами
and on its forehead was a great ruby
А на лобі в нього був великий рубін
the idol was of a man, carved out of ebony
Ідол зображував людину, вирізану з чорного дерева
thick oil dripped from its hair to its thighs
Густа олія капала з волосся на стегна
Its feet were red with the blood of a newly-slain lamb
Його ноги були червоні від крові щойно заколеного ягняти
and its loins girt with a copper belt

А стегна його підперезані мідним поясом
copper that was studded with seven beryls
мідь, яка була всипана сімома берилами
And I said to the Priest, "Is this the god?"
І я кажу священикові: "Це бог?"
And he answered me, "This is the god"
А Він мені відповів: Це бог!
"Show me the god," I cried, "or I will slay thee"
"Покажи мені бога, — закричав я, — інакше я вб'ю тебе"
I touched his hand and it withered
Я доторкнувся до його руки, і вона засохла
"Let my lord heal his servant," he begged me
«Нехай мій пан зцілить свого слугу», — благав він мене
"heal his servant and I will show him the God"
«Зціли раба його, і я покажу йому Бога»
So I breathed with my breath upon his hand
І я дихав, затамувавши подих на його руці
when I did this his hand became whole again
коли я це зробив, його рука знову стала цілою
and the priest trembled with fear
І священик затремтів від страху
Then he led me into the second chamber
Потім він повів мене в другу кімнату
in this chamber I saw another idol
У цій світлиці я побачив ще одного ідола
The idol was standing on a lotus of jade
Ідол стояв на лотосі з нефриту
the lotus hung with great emeralds
Лотос обвішав великими смарагдами
and the lotus was carved out of ivory
А лотос був вирізьблений зі слонової кістки
its stature was twice the stature of a man
Його зріст був удвічі вищим за зріст людини
On its forehead was a great chrysolite
На лобі у нього був великий хризоліт
its breasts were smeared with myrrh and cinnamon

Його груди були змащені миррою і корицею
In one hand it held a crooked sceptre of jade
В одній руці він тримав кривий скіпетр з нефриту
and in the other hand it held a round crystal
А в іншій руці тримав круглий кристал
and its thick neck was circled with selenites
А товста шия його була обведена селенітами
I asked the Priest, "Is this the god?"
Я запитав священика: «Це бог?»
he answered me, "This is the god"
Він відповів мені: "Це бог"
"Show me the god," I cried, "or I will slay thee"
"Покажи мені бога, — закричав я, — інакше я вб'ю тебе"
And I touched his eyes and they became blind
І я доторкнувся до його очей, і вони осліпли
And the Priest begged me for mercy
І священик благав мене про помилування
"Let my lord heal his servant"
«Нехай мій пан уздоровить свого слугу»
"heal me and I will show him the God"
«Зціли мене, і я покажу йому Бога»
So I breathed with my breath upon his eyes
І я дихав, затамувавши подих на його очах
and the sight came back to his eyes
І це видовище повернулося до його очей
He trembled with fear again
Він знову затремтів від страху
and then he led me into the third chamber
А потім він повів мене до третьої кімнати

There was no idol in the third chamber
У третій кімнаті не було ідола
there were no images of any kind
Жодних зображень не було
all there was in the room was a mirror
Все, що було в кімнаті, це дзеркало

the mirror was made of round metal
Дзеркало було виготовлено з круглого металу
the mirror was set on an altar of stone
Дзеркало було встановлено на кам'яному вівтарі
I said to the Priest, "Where is the god?"
Я кажу священику: «Де бог?»
he answered me, "There is no god but this mirror
Він відповів мені: "Немає бога, крім цього дзеркала
because this is the Mirror of Wisdom
бо це Дзеркало Мудрості
It reflects all things that are in heaven
Вона відображає все, що на небі
and it reflects all things that are on earth
І вона відображає все, що є на землі
except for the face of him who looketh into it
за винятком обличчя того, хто дивиться в нього
him who looketh into it it reflects not
Той, хто вдивляється в неї, не відображає
so he who looketh into the mirror will become wise
Так мудрим стане той, хто дивиться в дзеркало
there are many other mirrors in the world
У світі є багато інших дзеркал
but they are mirrors of opinion
Але вони є дзеркалами думок
This is the only mirror that shows Wisdom
Це єдине дзеркало, яке показує Мудрість
those who possess this mirror know everything
Ті, хто володіє цим дзеркалом, знають все
There isn't anything that is hidden from them
Від них немає нічого, що було б приховано
And those who don't possess the mirror don't have Wisdom
А той, хто не володіє дзеркалом, не має Мудрості
Therefore this mirror is the God
Тому це дзеркало є Богом
and that is why we worship this mirror
І саме тому ми поклоняємося цьому дзеркалу

And I looked into the mirror
І я подивилася в дзеркало
and it was as he had said to me
І сталося так, як він сказав мені

And then I did a strange thing
А потім я зробив дивну річ
but what I did matters not
але те, що я зробив, не має значення
There a valley that is but a day's journey from here
Там долина, яка знаходиться всього в одному дні їзди звідси
in this valley I have hidden the Mirror of Wisdom
в цій долині Я сховав Дзеркало Мудрості
Allow me to enter into thee again
Дозволь мені знову увійти в тебе
accept me and thou shalt be wiser than all the wise men
Прийми мене, і будеш мудрішим за всіх мудреців
let me enter into thee and none will be as wise as thou
Дозволь мені увійти в тебе, і ніхто не буде таким мудрим, як ти
But the young Fisherman laughed
Але молодий Рибалка засміявся
"Love is better than Wisdom"
«Любов краща за мудрість»
"The little Mermaid loves me"
«Русалочка мене любить»
"But there is nothing better than Wisdom" said the Soul
— Але немає нічого кращого за Мудрість, — сказала Душа
"Love is better," answered the young Fisherman
— Любов краща, — відповів молодий Рибалка
and he plunged into the deep sea
І він пірнув у морську безодню
and the Soul went weeping away over the marshes
І Душа пішла, плачучи, по болотах

After the Second Year
Після другого курсу

it had been two years since he had cast his soul away
Минуло два роки, як він відкинув свою душу
the Soul came back to the shore of the sea
Душа повернулася на берег моря
and the Soul called to the young Fisherman
і Душа покликала молодого Рибалку
the young Fisherman rose back out of the sea
молодий Рибалка піднявся з моря
he asked his soul, "Why dost thou call me?"
Він запитав свою душу: "Чому ти кличеш мене?"
And the Soul answered, "Come nearer"
А Душа відповіла: "Підійди ближче"
"come nearer, so that I may speak with thee"
"Підійди ближче, і я можу поговорити з тобою"
"I have seen marvellous things"
«Я бачив чудеса»
So the young Fisherman came nearer to his soul
Так молодий Рибалка наблизився до своєї душі
and he couched in the shallow water
І він лежав на мілководді
and he leaned his head upon his hand
І він сперся головою на руку свою
and he listened to his Soul
і він слухав свою Душу
and his Soul spoke to him
і його Душа промовляла до нього

When I left thee I turned my face to the South
Коли я покинув тебе, я повернувся обличчям до півдня
From the South cometh everything that is precious
З півдня приходить усе, що є цінним
Six days I journeyed along the dusty paths
Шість днів я мандрував курними стежками

and the paths led to the city of Ashter
А стежки вели до міста Аштера
ways by which the pilgrims are wont to go
шляхи, якими зазвичай ходять паломники
on the morning of the seventh day I lifted up my eyes
Вранці сьомого дня я звів очі свої
and lo! the city of Ashter lay at my feet
І ось! Місто Аштер лежало біля моїх ніг
because the city of Ashter is in a valley
Бо місто Аштер у долині
There are nine gates around this city
Навколо цього міста дев'ять воріт
in front of each gate stands a bronze horse
Перед кожною брамою стоїть бронзовий кінь
the horses neigh when the Bedouins come from the mountains
коні іржать, коли бедуїни приходять з гір
The walls of the city are cased with copper
Стіни міста обшиті міддю
the watch-towers on the walls are roofed with brass
сторожові вежі на стінах покриті латунними
In every tower along the wall stands an archer
У кожній вежі уздовж стіни стоїть лучник
and each archer has a bow in his hand
І кожен лучник тримає лук у руці
At sunrise he strikes a gong with an arrow
На сході сонця він стрілою б'є в гонг
and at sunset he blows through a horn
А на заході сонця сурмить у ріг
when I sought to enter the guards stopped me
коли я спробував увійти, охоронці зупинили мене
and the guards asked of me who I was
І охоронці запитали мене, хто я
I made answer that I was a Dervish
Я відповів, що я дервіш
I said I was on my way to the city of Mecca

Я сказав, що їду до міста Мекка
in Mecca there was a green veil
в Мецці з'явилася зелена завіса
the Koran was embroidered with silver letters on it
на ньому Коран був вишитий срібними літерами
it was embroidered by the hands of the angels
Вона була вишита руками ангелів
the guards were filled with wonder at what I told them
охоронці були сповнені подиву від того, що я їм сказав
and they entreated me to enter the city
І благали мене увійти в місто
Inside the city there was a bazaar
Усередині міста знаходився базар
Surely thou should'st have been with me
Напевно, ти повинен був бути зі мною
in the narrow streets the happy paper lanterns flutter
На вузьких вуличках тріпотять щасливі паперові ліхтарики
they flutter like large butterflies
Вони пурхають, як великі метелики
When the wind blows they rise and fall like bubbles
Коли дме вітер, вони піднімаються і опускаються, як бульбашки
In front of their booths sit the merchants
Перед їхніми будками сидять купці
every merchant sits on their silken carpets
Кожен купець сидить на своїх шовкових килимах
They have long straight black beards
У них довгі прямі чорні бороди
and their turbans are covered with golden sequins
А їхні тюрбани вкриті золотистими блискітками
they hold strings of amber and carved peach-stones
Вони тримають нитки бурштину і різьблені персикові камені
and they glide them through their cool fingers
І вони ковзають ними крізь свої холодні пальці

Some of them sell galbanum and nard
Деякі з них продають гальбанум і нард
some sell perfumes from the islands of the Indian Sea
деякі продають парфуми з островів Індійського моря
and they sell the thick oil of red roses and myrrh
І продають густу олію червоних троянд і мирри
and they sell little nail-shaped cloves
І продають маленькі гвоздики у формі нігтів
When one stops to speak to them they light frankincense
Коли хтось зупиняється, щоб поговорити з ними, вони запалюють ладан
they throw pinches of it upon a charcoal brazier
Вони кидають його щіпки на жаровню з деревним вугіллям
and it makes the air sweet
І це робить повітря солодким
I saw a Syrian who held a thin rod
Я побачив сирійця, який тримав тонкий прут
grey threads of smoke came from the rod
З жезла йшли сірі нитки диму
and its odour was like the odour of the pink almonds
І запах його був схожий на запах рожевого мигдалю
Others sell silver bracelets embossed with turquoise stones
Інші продають срібні браслети, вибиті бірюзовими каменями
and anklets of brass wire fringed with little pearls
і анклети з латунного дроту, облямовані маленькими перлинами
and tigers' claws set in gold
і пазурі тигрів, оправлені в золото
and the claws of that gilt cat
і кігті того позолоченого кота
the the claws of leopards, also set in gold
Кігті леопардів, також оправлені в золото
and earrings of pierced emerald
і сережки з пронизаного смарагду

and finger-rings of hollowed jade
і персні на пальцях з порожнистого нефриту
From the tea-houses came the sound of the guitar
З чайних долинав звук гітари
and the opium-smokers were in the tea-houses
А курці опіуму були в чайних будиночках
their white smiling faces look out at the passers-by
Їхні білі усміхнені обличчя дивляться на перехожих
thou truly should'st have been with me
Ти справді повинен був бути зі мною,
The wine-sellers elbow their way through the crowd
Продавці вина пробираються ліктями крізь натовп
with great black skins on their shoulders
з великими чорними шкурами на плечах
Most of them sell the wine of Schiraz
Більшість з них продають вино Шираз
the wine of Schiraz is as sweet as honey
вино Ширазу солодке, як мед
They serve it in little metal cups
Подають його в маленьких металевих чашечках
In the market-place stand the fruit sellers
На базарній площі стоять продавці фруктів
the fruit sellers sell all kinds of fruit
Продавці фруктів продають всі види фруктів
ripe figs, with their bruised purple flesh
стиглий інжир з його пом'ятою фіолетовою м'якоттю
melons, smelling of musk and yellow as topazes
дині, що пахнуть мускусом і жовті, як топази,
citrons and rose-apples and clusters of white grapes
цитрони і рожеві яблука і грона білого винограду
round red-gold oranges and oval lemons of green gold
круглі червоно-золоті апельсини і овальні лимони зеленого золота
Once I saw an elephant go by the fruit sellers
Одного разу я побачив слона, який проходив повз продавців фруктів

Its trunk was painted with vermilion and turmeric
Його стовбур був пофарбований червоним кольором і куркумою
and over its ears it had a net of crimson silk cord
А над вухами у нього була сітка з малинового шовкового шнура
It stopped opposite one of the booths
Він зупинився навпроти однієї з кабінок
and the elephant began eating the oranges
І слон почав їсти апельсини
instead of getting angry, the man only laughed
Замість того, щоб розсердитися, чоловік тільки засміявся
Thou canst not think how strange a people they are
Ти не можеш подумати, який це дивний народ
When they are glad they go to the bird-sellers
Коли вони радіють, то йдуть до продавців птахів
they go to them to buy a caged bird
Вони йдуть до них, щоб купити птицю в клітці
and they set the bird free to increase their joy
І вони відпустили птаха на волю, щоб збільшити свою радість
and when they are sad they scourge themselves with thorns
А коли сумують, то бичують себе тернями
so that their sorrow may not grow less
Щоб не зменшувався їхній смуток

One evening I met some slaves
Одного вечора я зустрів рабів
they were carrying a heavy palanquin through the bazaar
Вони несли через базар важкий паланкін
It was made of gilded bamboo
Він був виготовлений з позолоченого бамбука
and the poles were of vermilion lacquer
А жердини були з червоного лаку
it was studded with brass peacocks
Він був усипаний мідними павичами

Across the windows hung thin curtains
По вікнах висіли тонкі фіранки
the curtains were embroidered with beetles' wings
Штори були вишиті крильцями жуків
and they were lined with tiny seed-pearls
І вони були обсаджені крихітними перлинами
and as it passed by a pale-faced Circassian smiled at me
і коли він проходив повз, блідолиций черкес усміхнувся мені
I followed behind bearers of the palanquin
Я йшов слідом за носіями паланкіна
and the slaves hurried their steps and scowled
А раби квапливо ступали і нахмурювалися
But I did not care if they scowled
Але мені було байдуже, що вони хмуряться
I felt a great curiosity come over me
Я відчула, як мене охопила велика цікавість
At last they stopped at a square white house
Нарешті вони зупинилися біля квадратного білого будиночка
There were no windows to the house
Вікон до будинку не було
all the house had was a little door
Все, що було в будинку, це маленькі двері
and the door was like the door of a tomb
А двері були, як двері гробу
They set down the palanquin at the house
Поставили паланкін біля хати
and they knocked three times with a copper hammer
І тричі постукали мідним молотком
An Armenian in a green leather caftan peered through the wicket
Вірменин у зеленому шкіряному каптані зазирнув у хвіртку
and when he saw them he opened the door
І, побачивши їх, відчинив двері

he spread a carpet on the ground and the woman stepped out
Він розстелив килим на землі, і жінка вийшла
As she went in she turned round and smiled at me again
Увійшовши, вона обернулася і знову посміхнулася мені
I had never seen anyone so pale
Я ніколи не бачив нікого таким блідим
When the moon rose I returned to the same place
Коли зійшов місяць, я повернувся на те саме місце
and I sought for the house, but it was no longer there
І я шукав будинок, але його вже не було
When I saw that I knew who the woman was
Коли я побачила, що знаю, хто ця жінка
and I knew why she had smiled at me
і я знав, чому вона посміхнулася мені
Certainly, thou should'st have been with me
Звичайно, ти повинен був бути зі мною

There was a feast of the New Moon
Було свято Молодика
the young Emperor came forth from his palace
молодий імператор вийшов зі свого палацу
and he went into the mosque to pray
І він увійшов до мечеті помолитися
His hair and beard were dyed with rose-leaves
Його волосся і борода були пофарбовані трояндовим листям
and his cheeks were powdered with a fine gold dust
А щоки його були припорошені дрібним золотим пилом
The palms of his feet and hands were yellow with saffron
Долоні його ніг і руки були жовті від шафрану
At sunrise he went forth from his palace
Зі сходом сонця він вийшов зі свого палацу
he was dressed in a robe of silver
Він був одягнений у срібну одежу
and at sunset he returned again

А на заході сонця він знову повернувся
then he was dressed in a robe of gold
Тоді він був одягнений у золоту одежу
The people flung themselves on the ground
Люди кинулися на землю
they hid their faces, but I would not do so
вони ховали свої обличчя, але я б цього не робив
I stood by the stall of a seller of dates and waited
Я стояла біля кіоску продавця фініків і чекала
When the Emperor saw me he raised his painted eyebrows
Коли імператор побачив мене, він підняв нафарбовані брови
and he stopped to observe me
І він зупинився, щоб поспостерігати за мною
I stood quite still and made him no obeisance
Я стояв зовсім непорушно і не вклонявся йому
The people marvelled at my boldness
Люди дивувалися моїй сміливості
they counselled me to flee from the city
Вони порадили мені тікати з міста
but I paid no heed to their warnings
але я не зважав на їхні застереження
instead, I went and sat with the sellers of strange gods
замість цього я пішов і сів у продавців чужих богів
by reason of their craft they are abominated
Через своє ремесло вони мерзотні
When I told them what I had done each of them gave me an idol
Коли я розповів їм, що зробив, кожен з них дав мені кумира
and they prayed me to leave them
І вони благали мене, щоб я покинув їх

That night I was in the Street of Pomegranates
Тієї ночі я був на Вулиці Гранатів
I was in a tea-house and I laid on a cushion

Я був у чайному будиночку і лежав на подушці
the guards of the Emperor entered and led me to the palace
увійшла охорона імператора і повела мене до палацу
As I went in they closed each door behind me
Коли я увійшов, вони зачинили за мною всі двері
and they put a chain across each door
І поклали ланцюг на кожні двері
Inside the palace there was a great courtyard
Усередині палацу було велике подвір'я
The walls of the courtyard were of white alabaster
Стіни подвір'я були з білого алебастру
the alabaster was decorated with blue and green tiles
Алебастр був прикрашений синьо-зеленою плиткою
and the pillars were of green marble
А стовпи були з зеленого мармуру
and the pavement was of peach-blossom marble
А бруківка була з мармуру персикового цвіту
I had never seen anything like it before
Я ніколи раніше не бачив нічого подібного
As I passed the courtyard two veiled women were on a balcony
Коли я проходив повз подвір'я, на балконі стояли дві жінки в вуалі
they looked down from their balcony and cursed me
Вони дивилися вниз зі свого балкона і проклинали мене
The guards hastened on through the courtyard
Вартові поспішили далі через подвір'я
the butts of the lances rang upon the polished floor
Обухи списів дзвеніли по полірованій підлозі
They opened a gate of wrought ivory
Вони відчинили ворота з кованої слонової кістки
I found myself in a watered garden of seven terraces
Я опинився у поливаному саду з семи терас
The garden was planted with tulip-cups and moon-flowers
Сад був засаджений тюльпанами-чашечками та місячними квітами

a fountain hung in the dusky air like a slim reed of crystal
Фонтан висів у присмерковому повітрі, наче стрункий кришталевий очерет
The cypress-trees were like burnt-out torches
Кипариси були схожі на перегорілі смолоскипи
From one of the trees a nightingale was singing
З одного з дерев співав соловей
At the end of the garden stood a little pavilion
В кінці саду стояв невеликий павільйон
while we approached the pavilion two eunuchs came out
Поки ми підійшли до павільйону, вийшли два євнухи
Their fat bodies swayed as they walked
Їхні товсті тіла гойдалися під час ходьби
and they glanced curiously at me
І вони з цікавістю глянули на мене
One of them drew aside the captain of the guard
Один з них відвів убік капітана гвардії
and in a low voice the eunuch whispered to him
І тихим голосом прошепотів йому євнух
The other kept munching scented pastilles
Інший продовжував жувати запашні пастили
these he took out of an oval box of lilac enamel
Їх він вийняв з овальної коробки з бузковою емаллю
soon after the captain of the guard dismissed the soldiers
Невдовзі капітан гвардії звільнив солдатів
The soldiers went back to the palace
Солдати повернулися до палацу
the eunuchs followed behind the guards, but slowly
Євнухи йшли слідом за охоронцями, але повільно
and they plucked the sweet mulberries from the trees
І зривали з дерев запашні ягоди шовковиці
at one time the older eunuch turned round
Одного разу старший євнух обернувся
and he smiled at me with an evil smile
І він усміхнувся мені злою посмішкою
Then the captain of the guards motioned me forwards

Тоді капітан варти висунув мене вперед
I walked to the entrance without trembling
Я йшов до під'їзду, не тремтячи
I drew the heavy curtain aside, and entered
Я відсунув важку завісу і увійшов
The young Emperor was stretched on a couch
Молодий імператор розтягнувся на дивані
the couch was covered in dyed lion skins
Лежанка була вкрита фарбованими лев'ячими шкурами
and a falcon was perched upon his wrist
А сокіл сидів у нього на зап'ясті
Behind him stood a brass-turbaned Nubian
Позаду нього стояв нубієць у мідних тюрбанах
he was naked down to the waist
Він був голий до пояса
he had heavy earrings in his split ears
У нього були важкі сережки в роздвоєних вухах
On a table by the side lay a mighty scimitar of steel
На столі збоку лежав могутній ятаган зі сталі
When the Emperor saw me he frowned
Коли імператор побачив мене, він насупився
he asked me, "What is thy name?"
Він запитав мене: "Як тебе звати?"
"Knowest thou not that I am Emperor of this city?"
"Хіба ти не знаєш, що я імператор цього міста?"
But I made him no answer to his question
Але я не дав йому відповіді на його запитання
He pointed with his finger at the scimitar
Він показав пальцем на ятаган
the Nubian seized the scimitar, ready to fight
нубійці схопили ятаган, готові до бою
rushing forward he struck at me with great violence
Кинувшись уперед, він вдарив мене з великою силою
The blade whizzed through me and did me no hurt
Лезо прошмигнуло крізь мене і не завдало мені болю
The man fell sprawling on the floor

Чоловік упав на підлогу
when he rose up his teeth chattered with terror
Коли він підвівся, його зуби зацокотіли від жаху
and he hid behind the couch
І він сховався за диван
The Emperor leapt to his feet
Імператор схопився на ноги
he took a lance from a stand and threw it at me
Він узяв спис з підставки і кинув його в мене
I caught it in its flight
Я зловив його під час польоту
I broke the shaft into two pieces
Я розбив вал на дві частини
then he shot at me with an arrow
Потім він вистрілив у мене стрілою
but I held up my hands as it came to me
Але я підняв руки, коли воно прийшло до мене
and I stopped the arrow in mid-air
і я зупинив стрілку в повітрі
Then he drew a dagger from a belt of white leather
Потім він витягнув кинджал з пояса з білої шкіри
and he stabbed the Nubian in the throat
І він вдарив нубійця ножем у горло
so that the the slave would not tell of his dishonour
щоб раб не розповів про своє безчестя
The man writhed like a trampled snake
Чоловік корчився, як розтоптана змія
and a red foam bubbled from his lips
І з його вуст булькала червона піна
As soon as he was dead the Emperor turned to me
Як тільки він помер, імператор звернувся до мене
he took out a little napkin of purple silk
Він дістав маленьку серветку з фіолетового шовку
and he had wiped away the bright sweat from his brow
І він витер яскравий піт з чола свого
he said to me, "Art thou a prophet?"

Він сказав мені: "Чи ти пророк?"
"is it that I may not harm thee?"
"Чи не для того, щоб я не заподіяв тобі зла?"
"or are you the son of a prophet?"
— Чи, може, ти син пророка?
"and is it that can I do thee no hurt?"
"І чи можу я не заподіяти тобі зла?"
"I pray thee leave my city tonight"
"Благаю тебе, покинь моє місто сьогодні ввечері"
"while thou art in my city I am no longer its lord"
"Поки ти в моєму місті, я більше не його пан"
And this time I answered his question
І цього разу я відповів на його запитання
"I will leave they city, for half of thy treasure"
"Я покину їхнє місто заради половини твого скарбу"
"Give me half of thy treasure and I will go away"
"Дай мені половину свого скарбу, і я піду"
"He took me by the hand and led me into the garden"
«Він узяв мене за руку і повів у сад»
"When the captain of the guard saw me he wondered"
«Коли начальник варти побачив мене, він здивувався»
"When the eunuchs saw me their knees shook"
«Коли євнухи побачили мене, у них затремтіли коліна»
"and they fell upon the ground in fear"
"І вони впали на землю від страху"

There is a special chamber in the palace
У палаці є особлива кімната
the chamber has eight walls of red porphyry
Камера має вісім стінок з червоного порфіру
and it has a brass-scaled ceiling hung with lamps
І він має латунну стелю, обвішану лампами
The Emperor touched one of the walls and it opened
Імператор торкнувся однієї зі стін, і вона відчинилася
we passed down a corridor that was lit with many torches
Ми проходили коридором, який був освітлений безліччю

смолоскипів
In niches upon each side stood great wine-jars
У нішах з обох боків стояли великі глечики для вина
the wine-jars were filled to the brim with silver pieces
Глечики з вином були вщерть заповнені срібними шматочками
soon we reached the centre of the corridor
Невдовзі ми дійшли до центру коридору
the Emperor spoke the word that may not be spoken
Імператор промовив слово, яке не можна було вимовляти
a granite door swung back on a secret spring
Гранітні двері відкинулися на таємному пружині
and he put his hands before his face
І він поклав руки свої перед обличчя своїм
so that he would not be dazzled
Щоб він не був засліплений
Thou would not have believed how marvellous a place it was
Ти б не повірив, яке це чудове місце
There were huge tortoise-shells full of pearls
Там були величезні черепахові панцирі, повні перлів
and there were hollowed moonstones of great size
І були видовбані місячні камені великих розмірів
the moonstones were piled up with red rubies
Місячне каміння було завалено червоними рубінами
The gold was stored in coffers of elephant-hide
Золото зберігалося в скарбничці зі слонячої шкури
and there was gold-dust in leather bottles
А в шкіряних пляшках був золотий пил
There were more opals and sapphires than I could count
Опалів і сапфірів було більше, ніж я міг порахувати
the many opals were kept in cups of crystal
Багато опалів зберігалися в кришталевих чашках
and the sapphires were kept in cups of jade
А сапфіри зберігалися в чашках з нефриту
Round green emeralds were arranged in order

Круглі зелені смарагди були розставлені по порядку
they were laid out upon thin plates of ivory
Їх викладали на тонкі пластини зі слонової кістки
in one corner were silk bags full of turquoise-stones
В одному кутку стояли шовкові торбинки, повні бірюзового каміння
and others bags were filled with beryls
а інші мішки були наповнені берилами
The ivory horns were heaped with purple amethysts
Роги зі слонової кістки були всипані пурпуровими аметистами
and the horns of brass were heaped with chalcedony and sard stones
А мідяні роги були насипані халкідоновим та сардовим камінням
The pillars holding the ceiling were made of cedar
Стовпи, що утримують стелю, були зроблені з кедра
they were hung with strings of yellow lynx-stones
Вони були обвішані нитками жовтих рисячих каменів
In the flat oval shields there were carbuncles
У плоских овальних щитках розташовувалися карбункули
they were wine-coloured, and coloured like grass
Вони були винного кольору і забарвлені, як трава
And yet I have told thee but a fraction of what was there
І все-таки Я розповів тобі лише дещицю з того, що там було

The Emperor took away his hands from his face
Імператор забрав руки з обличчя
he said to me, "this is my house of treasure"
Він сказав мені: "Це мій дім скарбів"
half of what is in this house is thine
Половина того, що є в цьому домі, є твоєю
this is as I promised to thee
це так, як я обіцяв тобі
And I will give thee camels and camel drivers

І дам тобі верблюдів та погоничів верблюдів
and the camel drivers shall do thy bidding
І погоничі верблюдів виконають твої накази
please, take thy share of the treasure
Будь ласка, візьми свою частку скарбу
take it to whatever part of the world thou desirest
Віднеси його в будь-яку частину світу, яку забажаєш
But the thing shall be done tonight
Але це буде зроблено сьогодні ввечері
because, as you know, the sun is my father
Бо, як відомо, сонце – мій батько
he must not see a man in the city that I cannot slay
Він не побачить у місті людини, яку я не зможу вбити
But I answered him, "The gold that is here is thine"
А я відказав йому: "Золото, що тут, твоє"
"and the silver that is here also is thine"
"І срібло, що тут, також твоє"
"and thine are the precious jewels and opals"
"А твої дорогоцінні самоцвіти та опали"
"As for me, I have no need of these treasures"
«А мені ці скарби не потрібні»
"I shall not take anything from thee"
"Я нічого не візьму від тебе"
"but I will take the little ring that thou wearest"
"Але я візьму перстень, який ти носиш"
"it is on the finger of thy hand"
"Це на пальці твоєї руки"
when I said this the Emperor frowned
коли я це сказав, імператор насупився
"It is but a ring of lead," he cried
— Це лише свинцеве кільце, — вигукнув він
"a simple ring has no value for you"
«Проста каблучка не має для вас ніякої цінності»
"take thy half of the treasure and go from my city"
"Візьми свою половину скарбу і йди з мого міста"
"Nay" I answered, "it is what I want"

— Ні, — відповів я, — це те, чого я хочу.
"I will take nought but that lead ring"
«Я не візьму нічого, крім цього свинцевого персня»
"for I know what is written within it"
"Бо я знаю, що написано в ньому"
"and I know for what purpose it is"
"І я знаю, з якою метою"
And the Emperor trembled in fear
І імператор здригнувся від страху
he besought me and said, "Take all the treasure"
Він благав мене і сказав: "Візьми всі скарби"
"take all the treasure and go from my city"
«Візьми всі скарби і йди з мого міста»
"The half that is mine shall be thine also"
"Половина моєї буде і твоя"

And I did a strange thing
І я зробив дивну річ
but what I did matters not
але те, що я зробив, не має значення
because there is a cave that is but a day's journey from here
Тому що є печера, яка знаходиться всього в одному дні шляху звідси
in that cave I have hidden the Ring of Riches
в тій печері я сховав Перстень Багатства
in this cave the ring of riches waits for thy coming
У цій печері кільце багатства чекає твого пришестя
He who has this Ring is richer than all the kings of the world
Той, хто має цей Перстень, багатший за всіх царів світу
Come and take it, and the world's riches shall be thine
Прийди і візьми його, і багатство світу буде твоє
But the young Fisherman laughed, "love is better than riches"
Але молодий Рибалка засміявся: «Любов краща за багатство»

"and the little Mermaid loves me," he added
— А Русалочка мене любить, — додав він
"Nay, but there is nothing better than riches," said the Soul
— Ні, але немає нічого кращого за багатство, — сказала Душа
"Love is better," answered the young Fisherman
— Любов краща, — відповів молодий Рибалка
and he plunged back into the deep waters
І він знову пірнув у глибокі води
and the Soul went weeping away over the marshes
І Душа пішла, плачучи, по болотах

After the Third Year
Після третього курсу

it had been three year since he cast his soul away
Минуло три роки, як він відкинув свою душу
the Soul came back to the shore of the sea
Душа повернулася на берег моря
and the Soul called to the young Fisherman
і Душа покликала молодого Рибалку
the young Fisherman rose back out of the sea
молодий Рибалка піднявся з моря
he asked his soul, "Why dost thou call me?"
Він запитав свою душу: "Чому ти кличеш мене?"
And the Soul answered, "Come nearer"
А Душа відповіла: "Підійди ближче"
"come nearer, so that I may speak with thee"
"Підійди ближче, і я можу поговорити з тобою"
"I have seen marvellous things"
«Я бачив чудеса»
So the young Fisherman came nearer to his soul
Так молодий Рибалка наблизився до своєї душі
and he couched in the shallow water
І він лежав на мілководді
and he leaned his head upon his hand
І він сперся головою на руку свою
and he listened to his Soul
і він слухав свою Душу
and his Soul spoke to him
і його Душа промовляла до нього

In a city that I know of there is an inn
У місті, яке я знаю, є заїжджий двір
the inn that I speak of stands by a river
заїжджий двір, про який я говорю, стоїть біля річки
in this inn I sat and drunk with sailors
У цій корчмі я сидів і пив з матросами
sailors who drank two different coloured wines

моряки, які пили два різнокольорових вина
and they ate bread made of barley
І їли вони хліб з ячменю
and I ate salty little fish with them
і я їв з ними солону рибку
little fish that were served in bay leaves with vinegar
маленька рибка, яку подавали в лавровому листі з оцтом
while we sat and made merry an old man entered
Поки ми сиділи і веселилися, увійшов старий чоловік
he had a leather carpet with him
З собою він мав шкіряний килим
and he had a lute that had two horns of amber
І була в нього лютня, що мала два бурштинові роги
he laid out the carpet on the floor
Він розстелив килим на підлозі
and he struck on the strings of his lute
І він вдарив по струнах своєї лютні
and a girl ran in and began to dance in front of us
І вбігла дівчина і почала танцювати перед нами
Her face was veiled with a veil of gauze
Її обличчя було закрите вуаллю з марлі
and she was wearing silk, but her feet were naked
І була вона в шовку, але ноги її були голі
and her feet moved over the carpet like little white pigeons
І ноги її рухалися по килиму, як маленькі білі голуби
Never have I seen anything so marvellous
Ніколи я не бачив нічого такого чудового
the city where she dances is but a day's journey from here
Місто, де вона танцює, знаходиться всього в одному дні їзди звідси
the young Fisherman heard the words of his Soul
молодий Рибалка почув слова своєї Душі
he remembered that the little Mermaid had no feet
він згадав, що у маленької Русалочки немає ніг
and he remembered she was unable to dance
І він згадав, що вона не вміє танцювати

a great desire came over him to see the girl
Його охопило велике бажання побачити дівчину
he said to himself, "It is but a day's journey"
Він сказав собі: "Це лише один день шляху"
"and then I can return to my love," he laughed
— І тоді я зможу повернутися до свого кохання, — засміявся він
he stood up in the shallow water
Він стояв на мілководді
and he strode towards the shore
І він рушив до берега
when he had reached the dry shore he laughed again
Дійшовши до сухого берега, він знову засміявся
and he held out his arms to his Soul
і він простягнув руки до своєї Душі
his Soul gave a great cry of joy
його Душа скрикнула великою радістю
his Soul ran to meet his body
його Душа побігла назустріч його тілу
and his Soul entered into back him again
і Душа його знову увійшла в нього
the young Fisherman became one with his shadow once more
молодий Рибалка знову став одним цілим зі своєю тінню
the shadow of the body that is the body of the Soul
тінь тіла, яка є тілом душі
And his Soul said to him, "Let us not tarry"
І Душа його сказала йому: "Не затримуймося"
"but let us get going at once"
«Але ходімо негайно»
"because the Sea-gods are jealous"
«Бо морські боги заздрять»
"and they have monsters that do their bidding"
«І у них є монстри, які виконують їхні накази»
So they made haste to get to the city
Тож вони поспішили дістатися до міста

Sin
Гріх

all that night they journeyed beneath the moon
Усю ту ніч вони мандрували під місяцем
and all the next day they journeyed beneath the sun
І весь наступний день вони мандрували під сонцем
on the evening of the day they came to a city
Увечері того дня вони прийшли до міста
the young Fisherman asked his Soul
— спитав молодий Рибалка у своєї Душі
"Is this the city in which she dances?"
— Це те місто, в якому вона танцює?
And his Soul answered him
І Душа його відповіла йому
"It is not this city, but another"
«Це не це місто, а інше»
"Nevertheless, let us enter this city"
«Але ввійдемо в це місто»
So they entered the city and passed through the streets
І ввійшли вони в місто, і пройшли вулицями
they passed through the street of jewellers
Вони пройшли вулицею ювелірів
passing through the street, the young Fisherman saw a silver cup
проходячи вулицею, молодий Рибалка побачив срібну чашу
his Soul said to him, "Take that silver cup"
Душа сказала йому: "Візьми ту срібну чашу"
and his Soul told him to hide the silver cup
і Душа сказала йому сховати срібну чашу
So he took the silver cup and hid it
І взяв він срібну чашу, та й сховав її
and they went hurriedly out of the city
І вони поспішно вийшли з міста
the young Fisherman frowned and flung the cup away

Молодий Рибалка насупився і відкинув чашу геть
"Why did'st thou tell me to take this cup?"
"Чому ти сказав мені взяти цю чашу?"
"it was an evil thing to do"
«Це було лихе діло»
But his Soul just told him to be at peace
Але його Душа просто сказала йому, щоб він був у спокої

on the evening of the second day they came to a city
Увечері другого дня прийшли вони до міста
the young Fisherman asked his Soul
— спитав молодий Рибалка у своєї Душі
"Is this the city in which she dances?"
— Це те місто, в якому вона танцює?
And his Soul answered him
І Душа його відповіла йому
"It is not this city, but another"
«Це не це місто, а інше»
"Nevertheless, let us enter this city"
«Але ввійдемо в це місто»
So they entered in and passed through the streets
І ввійшли вони, і пройшли вулицями
they passed through the street of sandal sellers
Вони проходили вулицею продавців сандалій
passing through the street, the young Fisherman saw a child
проходячи вулицею, юний Рибалка побачив дитину
the child was standing by a jar of water
Дитина стояла біля глечика з водою
his Soul told him to smite the child
його Душа вела йому, щоб він вдарив дитину
So he smote the child till it wept
І він бив дитину, аж вона плакала
after he had done this they went hurriedly out of the city
Після того, як він це зробив, вони поспішно вийшли з міста
the young Fisherman grew angry with his soul

молодий Рибалка розгнівався на душу
"Why did'st thou tell me to smite the child?"
"Чому ти сказав мені вдарити дитину?"
"it was an evil thing to do"
«Це було лихе діло»
But his Soul just told him to be at peace
Але його Душа просто сказала йому, щоб він був у спокої

And on the evening of the third day they came to a city
А ввечері третього дня прийшли вони до міста
the young Fisherman asked his Soul
— спитав молодий Рибалка у своєї Душі
"Is this the city in which she dances?"
— Це те місто, в якому вона танцює?
And his Soul answered him
І Душа його відповіла йому
"It may be that it is this city, so let us enter"
«Може бути, що це саме це місто, тож увійдімо»
So they entered the city and passed through the streets
І ввійшли вони в місто, і пройшли вулицями
but nowhere could the young Fisherman find the river
але ніде молодий Рибалка не міг знайти річку
and he couldn't find the inn either
І корчми він теж не міг знайти
And the people of the city looked curiously at him
І мешканці міста з цікавістю дивилися на нього
and he grew afraid and asked his Soul to leave
І він злякався і попросив свою Душу піти
"she who dances with white feet is not here"
«Нема тієї, що танцює з білими ногами»
But his Soul answered "Nay, but let us rest"
Але Його Душа відповіла: «Ні, але давайте відпочинемо»
"because the night is dark"
«Бо ніч темна»
"and there will be robbers on the way"
«А на шляху будуть розбійники»

So he sat himself down in the market-place and rested
І він сів на базарі та й сів
after a time a hooded merchant walked past him
Через деякий час повз нього пройшов торговець у капюшоні
he had a cloak of cloth of Tartary
у нього був плащ з тканини Тартарії
and he carried a lantern of pierced horn
І ніс він ліхтар з пронизаного рогу
the merchant asked the young Fisherman
— спитав купець у молодого рибалки
"Why dost thou sit in the market-place?"
"Чого ти сидиш на ринку?"
"the booths are closed and the bales corded"
«Будки закриті, а тюки обклеєні шнуром»
And the young Fisherman answered him
І молодий Рибалка відповів йому
"I can find no inn in this city"
«Я не можу знайти жодного заїжджого двору в цьому місті»
"I have no kinsman who might give me shelter"
«У мене немає родича, який міг би дати мені притулок»
"Are we not all kinsmen?" said the merchant
«Хіба ми не всі родичі?» — спитав купець
"And did not one God make us?"
— І хіба не один Бог створив нас?
"come with me, for I have a guest-chamber"
«Ходімо зі мною, бо в мене є кімната для гостей»
So the young Fisherman rose up and followed the merchant
Тоді молодий Рибалка підвівся і пішов за купцем
they passed through a garden of pomegranates
Вони проходили через сад гранатів
and they entered into the house of the merchant
І ввійшли вони в дім купця
the merchant brought him rose-water in a copper dish
Купець приніс йому рожеву воду в мідному посуді

so that he could wash his hands
щоб він міг помити руки
and he brought him ripe melons
І він приніс йому стиглі дині
so that he could quench his thirst
щоб він міг втамувати спрагу
and he gave him a bowl of rice
І він дав йому миску рису
in the bowl of rice was roasted lamb
У мисці з рисом смажила баранину
so that he could satisfy his hunger
щоб він міг вгамувати голод
the young Fischerman finished his meal
молодий Фішерман закінчив трапезу
and he thanked the merchant for all his generousity
І подякував купцеві за всю його щедрість
then the merchant led him to the guest-chamber
Тоді купець повів його до гостьової кімнати
and the merchant let him sleep in his chamber
І купець дав йому спати у своїй світлиці
the young Fisherman gave him thanks again
молодий Рибалка ще раз подякував йому
and he kissed the ring that was on his hand
І він поцілував перстень, що був на його руці
he flung himself down on the carpets of dyed goat's-hair
Він кинувся на килими з фарбованої козячої вовни
And when pulled the blanket over himself he fell asleep
А коли натягнув на себе ковдру, заснув

it was three hours before dawn
Це було за три години до світанку
while it was still night his Soul woke him
коли була ще ніч, його розбудила Душа
his Soul told him to rise
його Душа веліла йому встати
"Rise up and go to the room of the merchant"

«Вставай і йди до кімнати купця»
"go to the room in which he sleeps"
«Іди в кімнату, в якій він спить»
"slay him in his sleep"
«Убий його уві сні»
"take his gold from him"
«Візьми від нього золото»
"because we have need of it"
«Тому що нам це потрібно»
And the young Fisherman rose up
І молодий Рибалка підвівся
and he crept towards the room of the merchant
І він поповз до кімнати купця
there was a curved sword at the feet of the merchant
Біля ніг купця лежав вигнутий меч
and there was a tray by the side of the merchant
А біля купця стояла таця
the tray held nine purses of gold
На таці було дев'ять гаманців із золотом
And he reached out his hand and touched the sword
І простяг він руку, і доторкнувся до меча
and when he touched the sword the merchant woke up
І коли він доторкнувся до меча, купець прокинувся
he leapt up and seized the sword
Він схопився і схопив меч
"Dost thou return evil for good?"
"Чи ти відплачуєш злом за добро?"
"do you pay with the shedding of blood?"
— Ти платиш пролиттям крові?
"in return for the kindness that I have shown thee"
"В обмін на доброту, яку Я виявив тобі"
And his Soul said to the young Fisherman, "Strike him"
І Душа його сказала молодому Рибалці: "Вдар його"
and he struck him so that he swooned
І вдарив його так, що той знепритомнів
he seized the nine purses of gold

Він заволодів дев'ятьма гаманцями із золотом
and he fled hastily through the garden of pomegranates
І він поспіхом побіг через гранатовий сад
and he set his face to the star of morning
І він пригорнув своє обличчя до зорі ранкової
they escaped the city without being noticed
Вони втекли з міста непоміченими
the young Fisherman beat his breast
молодий Рибалка бив себе в груди
"Why didst thou bid me to slay the merchant?"
"Чому ти наказав мені вбити купця?"
"why did you make me take his gold?"
— Навіщо ти змусив мене забрати його золото?
"Surely thou art evil"
"Воістину ти злий"
But his Soul told him to be at peace
Але його Душа сказала йому, щоб він був у мирі
"No!" cried the young Fisherman
«Ні!» — вигукнув молодий Рибалка
"I can not be at peace with this"
«Я не можу з цим миритися»
"all that thou hast made me do I hate"
"Усе, що Ти змусив мене робити, я ненавиджу"
"and what else I hate is you"
"А що ще я ненавиджу, так це тебе"
"why have you brought me here to do these things?"
— Нащо ти привела мене сюди, щоб зробити це?
And his Soul answered him
І Душа його відповіла йому
"When you sent me into the world you gave me no heart"
«Коли ти послав мене у світ, ти не дав мені серця»
"so I learned to do all these things"
«І я навчився робити все це»
"and I learned to love these things"
"І я навчився любити це"
"What sayest thou?" murmured the young Fisherman

«Що ти кажеш?» — пробурмотів молодий Рибалка
"Thou knowest," answered his Soul
— Ти знаєш, — відповіла його Душа
"Have you forgotten that you gave me no heart?"
— Невже ти забув, що не дав мені серця?
"don't trouble yourself for me, but be at peace"
«Не турбуйся за мене, але будь спокійний»
"because there is no pain you shouldn't give away"
«Тому що немає болю, який не варто віддавати»
"and there is no pleasure that you should not receive"
«І немає такої насолоди, якої б ви не отримували»
when the young Fisherman heard these words he trembled
коли молодий Рибалка почув ці слова, він затремтів
"Nay, but thou art evil"
"Ні, але ти злий"
"you have made me forget my love"
«Ти змусив мене забути моє кохання»
"you have tempted me with temptations"
«Ви спокушали мене спокусами»
"and you have set my feet in the ways of sin"
"І Ти поставив Мої ноги на дороги гріха"
And his Soul answered him
І Душа його відповіла йому
"you have not forgotten?"
— Ти не забув?
"you sent me into the world with no heart"
«Ти послав мене у світ без серця»
"Come, let us go to another city"
«Ходімо, поїдемо в інше місто»
"let us make merry with the gold we have"
«Повеселімося з золотом, яке маємо»
But the young Fisherman took the nine purses of gold
Але молодий Рибалка взяв дев'ять гаманців із золотом
he flung the purses of gold into the sand
Він кинув гаманці із золотом у пісок
and he trampled on the on the purses of gold

І він топтав по гаманцях із золотом
"Nay!" he cried to his Soul
«Ні!» — закричав він до своєї Душі
"I will have nought to do with thee"
"Я не матиму нічого спільного з тобою"
"I will not journey with thee anywhere"
"Я нікуди не піду з тобою"
"I have sent thee away before"
"Я відіслав тебе раніше"
"and I will send thee away again"
"І я знову відпущу тебе"
"because thou hast brought me no good"
"Тому що Ти не приніс мені добра"
And he turned his back to the moon
І він повернувся спиною до місяця
he held the little green knife in his hand
Він тримав у руці маленького зеленого ножика
he strove to cut from his feet the shadow of the body
Він прагнув зрізати з ніг тінь тіла
the shadow of the body, which is the body of the Soul
тінь тіла, яка є тілом Душі
Yet his Soul stirred not from him
Але душа його не ворушилася від нього
and it paid no heed to his command
І вона не зважала на його наказ
"The spell the Witch told thee avails no more"
«Закляття, яке тобі сказала Відьма, більше не діє»
"I may not leave thee anymore"
"Я більше не покину тебе"
"and thou can't drive me forth"
"І ти не можеш мене вигнати"
"Once in his life may a man send his Soul away"
«Хоч раз у житті людина може відіслати свою Душу»
"but he who receives back his Soul must keep it for ever"
«Але той, хто приймає назад свою душу, повинен зберігати її навіки»

"this is his punishment and his reward"
«Це покарання Його і нагорода Його»
the young Fisherman grew pale at his fate
молодий Рибалка зблід від своєї долі
and he clenched his hands and cried
І, стиснувши руки, заплакав
"She was a false Witch for not telling me"
«Вона була фальшивою відьмою за те, що не сказала мені»
"Nay," answered his Soul, "she was not a false Witch"
— Ні, — відповіла його Душа, — вона не була фальшивою відьмою.
"but she was true to Him she worships"
"Але вона була вірна Йому, тому поклоняється"
"and she will be his servant forever"
«І вона буде йому рабинею навіки»
the young Fisherman knew he could not get rid of his Soul again
молодий Рибалка знав, що більше не зможе позбутися своєї Душі
he knew now that his soul was an evil Soul
він знав тепер, що його душа була злою душею
and his Soul would abide with him always
і його Душа завжди перебуватиме з ним
when he knew this he fell upon the ground and wept
Довідавшись про це, він упав на землю і заплакав

The Heart
Серце

when it was day the young Fisherman rose up
коли настав день, молодий Рибалка підвівся
he told his Soul, "I will bind my hands"
Він сказав своїй Душі: "Я зв'яжу руки свої"
"that way I can not do thy bidding"
"Так я не зможу виконати Твого наказу"
"and I will close my lips"
"І я закрию губи"
"that way I can not speak thy words"
"Так я не можу говорити твоїх слів"
"and I will return to the place where my love lives"
«І я повернуся туди, де живе моя любов»
"to the sea will I return"
«До моря я повернуся»
"I will return to where she sung to me"
«Я повернуся туди, де вона мені співала»
"and I will call to her"
"І я покличу її"
"I will tell her the evil I have done"
«Я розповім їй про зло, яке я зробив»
"and I will tell her the evil thou hast wrought on me"
"І я розповім їй, яке зло ти заподіяв мені"
his Soul tempted him, "Who is thy love?"
його Душа спокушала його: "Хто твоя любов?"
"why should thou return to her?"
"Чому ти маєш повертатися до неї?"
"The world has many fairer than she is"
«У світі є багато прекрасніших за неї»
"There are the dancing-girls of Samaris"
«Є дівчата Самарії, що танцюють»
"they dance the way birds dance"
«Танцюють так, як танцюють птахи»
"and they dance the way beasts dance"

«І танцюють так, як танцюють звірі»
"Their feet are painted with henna"
«Ноги у них розмальовані хною»
"in their hands they have little copper bells"
«У них в руках маленькі мідні дзвіночки»
"They laugh while they dance"
«Вони сміються, поки танцюють»
"their laughter is as clear as the laughter of water"
«Їхній сміх прозорий, як сміх води»
"Come with me and I will show them to thee"
"Ходімо зі мною, і я покажу їх тобі"
"because why trouble yourself with things of sin?"
"Бо навіщо турбуватися про гріх?"
"Is that which is pleasant to eat not made to be eaten?"
«Хіба те, що приємно їсти, не створене для того, щоб його їли?»
"Is there poison in that which is sweet to drink?"
«Чи є отрута в тому, що солодко пити?»
"Trouble not thyself, but come with me to another city"
"Не турбуйся, а йди зі мною в інше місто"
"There is a little city with a garden of tulip-trees"
«Є маленьке місто з садом тюльпанових дерев»
"in its garden there are white peacocks"
«У своєму саду білі павичі»
"and there are peacocks that have blue breasts"
«А є павичі, у яких сині груди»
"Their tails are like disks of ivory"
«Їхні хвости схожі на диски зі слонової кістки»
"when they spread their tails in the sun"
«Коли вони розправляють хвости на сонці»
"And she who feeds them dances for their pleasure"
«А та, що їх годує, танцює для їхнього задоволення»
"and sometimes she dances on her hands"
«А іноді вона танцює на руках»
"and at other times she dances with her feet"
«А в інший час вона танцює ногами»

"Her eyes are coloured with stibium"
«Очі в неї забарвлені стибієм»
"her nostrils are shaped like the wings of a swallow"
«Її ніздрі за формою нагадують крила ластівки»
"and she laughs while she dances"
«І вона сміється, поки танцює»
"and the silver rings on her ankles ring"
«І срібні персні на її щиколотках»
"Don't trouble thyself any more"
"Не турбуйся більше"
"come with me to this city"
«Ходімо зі мною до цього міста»

But the young Fisherman did not answer his Soul
Але молодий Рибалка не відповів своїй Душі
he closed his lips with the seal of silence
Він зімкнув губи печаткою мовчання
and he bound his own hands with a tight cord
І він зв'язав свої руки тугим шнуром
and he journeyed back to from where he had come
І він повернувся туди, звідки прийшов
he journeyd back to the little bay
Він вирушив назад до маленької бухти
and he journeyed to where his love had sung for him
І він вирушив туди, де співала йому любов
His Soul tried to tempt him along the way
Його Душа намагалася спокусити його по дорозі
but he made his Soul no answer
але він не дав відповіді своїй душі
and he did none of his Soul's wickedness
і він не вчинив нічого зла своєї душі
so great was the power of the love that was within him
Настільки великою була сила любові, яка була в ньому
when he reached the shore he loosened the cord
Дійшовши до берега, він послабив шнур
and he took the seal of silence from his lips

І він узяв печатку мовчання зі своїх уст
he called out to the little Mermaid
— гукнув він до маленької Русалочки
But she did not answer his call for her
Але вона не відповіла на його заклик
she did not answer, although he called all day
Вона не відповіла, хоча він дзвонив цілий день
his Soul mocked the young Fisherman
його Душа знущалася з молодого Рибалки
"you have little joy out of thy love"
"У тебе мало радості від любові твоєї"
"you are pouring water into a broken vessel"
«Ти ллєш воду в розбиту посудину»
"you have given away what you had"
«Ви віддали те, що мали»
"but nothing has been given to you in return"
«Але нічого тобі не дано натомість»
"It would be better if you came with me"
«Краще б ти пішов зі мною»
"because I know where the Valley of Pleasure lies"
«Тому що я знаю, де лежить Долина Насолод»
But the young Fisherman did not answer his Soul
Але молодий Рибалка не відповів своїй Душі

in a cleft of the rock he built himself a house
У розколині скелі він збудував собі дім
and he abode there for the space of a year
І пробув він там рік
every morning he called to the Mermaid
щоранку він кликав Русалку
and every noon he called to her again
І щополудня він кликав її знову,
and at night-time he spoke her name
А вночі він промовляв її ім'я
but she never rose out of the sea to meet him
Але вона так і не піднялася з моря, щоб зустрітися з ним

and he could not find her anywhere in the sea
І він не міг знайти її ніде в морі
he sought for her in the caves
Він шукав її в печерах
he sought for her in the green water
Він шукав її в зеленій воді
he sought for her in the pools of the tide
Він шукав її в басейнах припливу
and he sought for her in the wells
І він шукав її в колодязях
the wells that are at the bottom of the deep
колодязі, які знаходяться на дні глибини
his Soul didn't stop tempting him with evil
його Душа не переставала спокушати його злом
and it whispered terrible things to him
І вона шепотіла йому страшні речі
but his Soul could not prevail against him
але його Душа не змогла перемогти його
the power of his love was too great
Сила його любові була занадто велика

after the year was over the Soul thought within itself
після закінчення року Душа думала про себе
"I have tempted my master with evil"
«Я спокусив свого пана злом»
"but his love is stronger than I am"
«Але його любов сильніша за мене»
"I will tempt him now with good"
«Тепер я буду спокушати його добром»
"it may be that he will come with me"
«Можливо, він піде зі мною»
So he spoke to the young Fisherman
І він заговорив до молодого Рибалки
"I have told thee of the joy of the world"
"Я розповів тобі про радість світу"
"and thou hast turned a deaf ear to me"

"І ти не прислухався до мене"
"allow me to tell thee of the world's pain"
"Дозволь мені розповісти тобі про біль світу"
"and it may be that you will listen"
"А може бути, що ви послухаєте"
"because pain is the Lord of this world"
«Бо біль — Господь світу цього»
"and there is no one who escapes from its net"
«І немає нікого, хто б вирвався з її тенет»
"There be some who lack raiment"
«Є такі, кому бракує одежі»
"and there are others who lack bread"
«А є й такі, яким не вистачає хліба»
"There are widows who sit in purple"
«Є вдови, що сидять у багряниці»
"and there are widows who sit in rags"
«А є вдови, що сидять у лахмітті»
"The beggars go up and down on the roads"
«Жебраки ходять по дорогах»
"and the pockets of the beggars are empty"
«А кишені жебраків порожні»
"Through the streets of the cities walks famine"
«Вулицями міст ходить голод»
"and the plague sits at their gates"
«І чума сидить біля їхніх воріт»
"Come, let us go forth and mend these things"
"Ходімо, підемо і полагодимо це"
"let us make these things be different"
«Зробімо так, щоб усе було по-іншому»
"why should you wait here calling to thy love?"
"Чому ти маєш чекати тут, кликаючи свою любов?"
"she will not come to your call"
«Вона не прийде на твій поклик»
"And what is love?"
— А що таке любов?
"And why do you value it so highly?"

— А чому ти так високо його цінуєш?
But the young Fisherman didn't answer his Soul
Але молодий Рибалка не відповів своїй Душі
so great was the power of his love
Настільки великою була сила його любові
And every morning he called to the Mermaid
І щоранку кликав Русалку
and every noon he called to her again
І щополудня він кликав її знову,
and at night-time he spoke her name
А вночі він промовляв її ім'я
Yet never did she rise out of the sea to meet him
Але вона ніколи не виходила з моря, щоб зустріти його
nor in any place of the sea could he find her
І в жодному місці моря він не міг її знайти
though he sought for her in the rivers of the sea
Хоч він шукав її в річках морських
and in the valleys that are under the waves
і в долинах, що під хвилями
in the sea that the night makes purple
У морі, що ніч робить пурпуром
and in the sea that the dawn leaves grey
І в морі, що світанок сивіє,

after the second year was over
Після закінчення другого року
the Soul spoke to the young Fisherman at night-time
Душа розмовляла з молодим Рибалкою вночі
while he sat in the wattled house alone
Поки він сидів у плетеній хаті на самоті
"I have tempted thee with evil"
"Я спокушав тебе злом"
"and I have tempted thee with good"
"І я спокушав тебе добром"
"and thy love is stronger than I am"
"І твоя любов сильніша за мене"

"I will tempt thee no longer"
"Я більше не буду спокушати тебе"
"but please, allow me to enter thy heart"
"Але, будь ласка, дозволь мені увійти в твоє серце"
"so that I may be one with thee, as before"
"щоб я міг бути з тобою єдиний, як і раніше"
"thou mayest enter," said the young Fisherman
— Ти можеш увійти, — сказав молодий Рибалка
"because when you had no heart you must have suffered"
«Бо коли ти не мав серця, то, мабуть, страждав»
"Alas!" cried his Soul
«На жаль!» — вигукнула його Душа
"I can find no place of entrance"
«Я не можу знайти місця входу»
"so compassed about with love is this heart of thine"
"Так любов'ю огорнуте це серце твоє"
"I wish that I could help thee," said the young Fisherman
— Я хотів би допомогти тобі, — сказав молодий Рибалка
while he spoke there came a great cry of mourning from the sea
Поки він говорив, з моря долинув великий плач жалоби
the cry that men hear when one of the Sea-folk is dead
крик, який чують люди, коли хтось із морських жителів помирає
the young Fisherman leapt up and left his house
молодий Рибалка схопився і вийшов з дому
and he ran down to the shore
І він побіг до берега
the black waves came hurrying to the shore
Чорні хвилі поспішали до берега
the waves carried a burden that was whiter than silver
Хвилі несли тягар, біліший за срібло
it was as white as the surf
Він був білий, як прибій
and it tossed on the waves like a flower
І вона кинулася на хвилях, як квітка

And the surf took it from the waves
І прибій взяв його з хвиль
and the foam took it from the surf
І піна забрала його з прибою
and the shore received it
І берег прийняв його
lying at his feet was the body of the little Mermaid
біля його ніг лежало тіло маленької Русалочки
She was lying dead at his feet
Вона лежала мертва біля його ніг
he flung himself beside her, and wept
Він кинувся до неї і заплакав
he kissed the cold red of her mouth
Він поцілував холодний червоний колір її уст
and he stroked the wet amber of her hair
І він погладив мокре бурштин її волосся
he wept like someone trembling with joy
Він плакав, як той, хто тремтить від радості
in his brown arms he held her to his breast
У своїх коричневих обіймах він пригорнув її до грудей
Cold were the lips, yet he kissed them
Холодні були губи, але він їх поцілував
salty was the honey of her hair
Солоним був мед її волосся
yet he tasted it with a bitter joy
Але він скуштував його з гіркою радістю
He kissed her closed eyelids
Він поцілував її заплющені повіки
the wild spray that lay upon her was less salty than his tears
Дикі бризки, що лягли на неї, були менш солоними, ніж його сльози
to the dead little mermaid he made a confession
Померлій русалоньці він зізнався
Into the shells of her ears he poured the harsh wine of his tale
У раковини її вух він влив суворе вино своєї казки

He put the little hands round his neck
Він обхопив маленькими рученятами шию
and with his fingers he touched the thin reed of her throat
І він доторкнувся пальцями до тонкої тростини її горла
his joy was bitter and deep
Його радість була гіркою і глибокою
and his pain was full of a strange gladness
І біль його був сповнений дивної радості
The black sea came nearer
Чорне море наблизилося
and the white foam moaned like a leper
І біла піна стогнала, як прокажений
the sea grabbed at the shore with its white claws of foam
Море вхопилося за берег своїми білими кігтями піни
From the palace of the Sea-King came the cry of mourning again
З палацу Морського Царя знову долинув плач жалоби
far out upon the sea the great Tritons could be heard
далеко на морі було чути великих тритонів
they blew hoarsely upon their horns
Вони хрипко сурмили в роги
"Flee away," said his Soul
— Тікай, — сказала його Душа
"if the sea comes nearer it will slay thee"
"Якщо море наблизиться, воно вб'є тебе"
"please, let us leave, for I am afraid"
«Будь ласка, ходімо, бо я боюся»
"because thy heart is closed against me"
"Тому що твоє серце закрите від Мене"
"out of the greatness of thy love I beg you
"З величі Твоєї любові благаю Тебе,
"flee away to a place of safety"
«Утікай у безпечне місце»
"Surely you would not do this to me again?"
— Невже ти більше не зробиш цього зі мною?
"do not send me into another world without a heart"

«Не посилай мене в інший світ без серця»
the young Fisherman did not listen to his Soul
молодий Рибалка не слухав своєї Душі
but he spole to the little Mermaid
але він підійшов до маленької Русалочки
and he said, "Love is better than wisdom"
А Він сказав: "Любов ліпша від мудрості"
"love is more precious than riches"
«Любов дорожча за багатство»
"love fairer than the feet of the daughters of men"
«Любов прекрасніша за ноги дочок людських»
"The fires of the world cannot destroy love"
«Вогонь світу не може знищити любов»
"the waters of the sea cannot quench love"
«Води моря не можуть погасити любов»
"I called on thee at dawn"
"Я кликав тебе на світанку"
"and thou didst not come to my call"
"І ти не прийшов на моє покликання"
"The moon heard thy name"
"Місяць почув твоє ім'я"
"but the moon didn't answer me"
«Але місяць мені не відповів»
"I left thee in order to do evil"
"Я покинув тебе, щоб чинити зло"
"and I have suffered for what I've done"
«І я постраждав за те, що зробив»
"but my love for you has never left me"
«Але моя любов до тебе ніколи не покидала мене»
"and my love was always strong"
«І моя любов завжди була сильною»
"nothing prevailed against my love"
«Ніщо не перемогло моєї любові»
"though I have looked upon evil"
«Хоч я й дивився на зло»
"and I have looked upon good"

"І я подивився на добро"
"now that thou are dead, I will also die with thee"
"Тепер, коли ти помер, я також помру з тобою"
his Soul begged him to depart
його Душа благала його піти
but he would not leave, so great was his love
Але він не хотів йти, настільки великою була його любов
the sea came nearer to the shore
Море наблизилося до берега
and the sea sought to cover him with its waves
І море прагнуло накрити його своїми хвилями
the young Fisherman knew that the end was at hand
молодий Рибалка знав, що кінець близький
he kissed the cold lips of the Mermaid
він поцілував холодні губи Русалки
and the heart that was within him broke
І серце, що було в ньому, розбилося
from the fullness of his love his heart did break
Від повноти любові його серце розривалося
the Soul found an entrance, and entered his heart
Душа знайшла вхід і увійшла в його серце
his Soul was one with him, just like before
його Душа була з ним єдиною, як і раніше
And the sea covered the young Fisherman with its waves
І море накрило юного Рибалку своїми хвилями

Blessings
Благословення

in the morning the Priest went forth to bless the sea
Вранці священик вийшов благословити море
because the Priest had been troubled that night
бо тієї ночі священик був стривожений
the monks and the musicians went with him
Ченці і музиканти пішли з ним
and the candle-bearers came with the Priest too
І свічкарі прийшли зі священиком
and the swingers of censers came with the Priest
І прийшли кадильниці зі Священиком
and a great company of people followed him
І пішла за ним велика громада народу
when the Priest reached the shore he saw the young Fisherman
Коли Священик дійшов до берега, він побачив молодого Рибалку
he was lying drowned in the surf
Він лежав, потонувши в прибої
clasped in his arms was the body of the little Mermaid
На руках у нього лежало тіло маленької Русалочки
And the Priest drew back frowning
І Священик відсахнувся, насупившись,
he made the sign of the cross and exclaimed aloud:
Він зробив хресне знамення і голосно вигукнув:
"I will not bless the sea, nor anything that is in it"
«Я не поблагословлю ні моря, ні всього, що в ньому»
"Accursed be the Sea-folk and those who traffic with them"
«Прокляті морські люди і ті, хто з ними торгує»
"And as for the young Fisherman;"
— А щодо молодого Рибалки;
"he forsook God for the sake of love"
«Він покинув Бога заради любові»
"and now he lays here with his lover"

"А тепер він лежить тут зі своєю коханою"
"he was slain by God's judgement"
«Він був убитий Божим судом»
"take up his body and the body of his lover"
«Візьми його тіло і тіло його коханого»
"bury them in the corner of the Field"
«Поховайте їх у кутку Поля»
"let no mark of why they were be set above them"
«Нехай не буде поставлено знаку, чому вони були поставлені над ними»
"don't give them any sign of any kind"
«Не подавайте їм жодних знаків»
"none shall know the place of their resting"
"Ніхто не довідається про місце свого спочинку"
"because they were accursed in their lives"
«Тому що вони були прокляті у своєму житті»
"and they shall be accursed in their deaths"
"і їх буде прокляте у своїй смерті"
And the people did as he commanded them
І народ зробив, як Він наказав їм
in the corner of the field where no sweet herbs grew
У кутку поля, де не росли запашні трави
they dug a deep pit for their graves
Вони викопали глибоку яму для своїх могил
and they laid the dead things within the pit
І поклали мертвих у яму

when the third year was over
Коли закінчився третій рік
on a day that was a holy day
У день, який був святим днем
the Priest went up to the chapel
Священик піднявся до каплиці
he went to show the people the wounds of the Lord
Він пішов, щоб показати людям рани Господні
and he spoke to them about the wrath of God

І він говорив їм про гнів Божий
he bowed himself before the altar
Він вклонився перед жертовником
he saw the altar was covered with strange flowers
Він побачив, що вівтар вкритий дивними квітами
flowers that he had never seen before
квіти, яких він ніколи раніше не бачив
they were strange to look at
На них було дивно дивитися
but they had an interesting kind beauty
Але у них була цікава добра красуня
their beauty troubled him in a strange way
Їхня краса дивним чином турбувала його
their odour was sweet in his nostrils
Їхній запах був солодким у його ніздрях
he felt glad, but he did not understand why
Він зрадів, але не розумів, чому
he began to speak to the people
Він почав промовляти до народу
he wanted to speak to them about the wrath of God
він хотів поговорити з ними про гнів Божий
but the beauty of the white flowers troubled him
Але краса білих квітів непокоїла його
and their odour was sweet in his nostrils
І їхній запах був солодкий у його ніздрях
and another word came onto his lip
І ще одне слово пролунало йому на вустах
he did not speak about the wrath of God
він не говорив про гнів Божий
but he spoke of the God whose name is Love
але він говорив про Бога, Чиє ім'я Любов
he did not know why he spoke of this
Він не знав, чому так говорив
when he had finished the people wept
Коли він скінчив, народ заплакав
the Priest went back to the sacristy

Священик повернувся до ризниці
and his eyes too were full of tears
І очі його теж були повні сліз
the deacons came in and began to unrobe him
Увійшли диякони, і почали роздягати його
And he stood as if he was in a dream
І стояв, наче уві сні
"What are the flowers that stand on the altar?"
— Що це за квіти, що стоять на вівтарі?
"where did they come from?"
— Звідки вони взялися?
And they answered him
І вони відповіли йому
"What flowers they are we cannot tell"
«Які це квіти, ми не можемо сказати»
"but they come from the corner of the field"
«Але вони приходять з кутка поля»
the Priest trembled at what he heard
Священик здригнувся від почутого
and he returned to his house and prayed
І вернувся він до дому свого, і помолився

in the morning, while it was still dawn
Вранці, коли ще світало
the priest went forth with the monks
Священик вийшов з ченцями
he went forth with the musicians
Він вийшов з музикантами
the candle-bearers and the swingers of censers
Свічконосці і свінгери кадильниць
and he had a great company of people
І в нього було велике товариство людей
and he came to the shore of the sea
І прийшов він до берега моря
he showed them how he blessed the sea
Він показав їм, як благословив море

and he blessed all the wild things that are in it
І він поблагословив усе дике, що в ньому
he also blessed the fauns
Він також благословив фавнів
and he blessed the little things that dance in the woodland
І він благословив дрібниці, що танцюють у лісі
and he blessed the bright-eyed things that peer through the leaves
І він благословив яснookі речі, що визирають крізь листя
he blessed all the things in God's world
він благословив усе, що було в Божому світі
and the people were filled with joy and wonder
І люди сповнилися радості та подиву
but flowers never grew again in the corner of the field
Але квіти більше ніколи не росли в кутку поля
and the Sea-folk never came into the bay again
і морський народ більше ніколи не заходив у затоку
because they had gone to another part of the sea
Тому що вони пішли в іншу частину моря

The End
Кінець

www.ingramcontent.com/pod-product-compliance
Lightning Source LLC
Chambersburg PA
CBHW010022130526
44591CB00038B/2743